Dolly*Dolly Books

てぬいの
ドール・コーディネイト・レシピ
― すぐできるフェルトのお洋服 ―

関口妙子（F.L.C.）

作り方… オールインワン（P62）、ベレー帽（P83）、チェーンポシェット（P85）、えりつきブラウス（P45）、スカート（P50）、くつした（P87）
型紙…… オールインワン（P97）、ベレー帽（P157）、チェーンポシェット（P165）、えりつきブラウス（P105）、スカート（P93）、くつした（S）（P167）

© TOMY

これまでに人形服製作の解説本として、
ミシンを使って作る
「はじめてのドール・コーディネイト・レシピ」、
型紙の組み合わせでさらに広がる
「かんたんドール・コーディネイト・レシピ」
の2冊を作りました。

本書「てぬいのドール・コーディネイト・レシピ」は
その2冊よりもさらにやさしく、手軽に、簡単に、
「てぬい」のみで素敵なお人形服を作れる本を目指しました。
年齢を問わず気軽に楽しめる本として、
皆様に活用いただければ幸いです。

自分で作るお人形服作りはとても楽しい癒しの世界。
さぁ今日からはじめましょう!

作り方… オールインワン(P62)、くつした(P87)
型紙…… オールインワン(P97)、くつした(S)(P167)

CONTENTS

P4 フェルトの特徴
P5 作例
P27 アイテム別フェルト服の作り方
P28 道具紹介
P29 てぬいの基礎の基礎
P30 スナップボタンの縫い付け方
P34 型紙の写し方
P36 ドール服サイズ リスト
P38 基本のワンピースの作り方
P42 ワンピース応用編
P50 基本のスカートの作り方
P52 スカート応用編
P56 基本のパンツの作り方
P60 コラム リボンのヘアアクセサリーを作ろう＆くつしたアレンジ
P62 基本のオールインワンの作り方
P65 キャミソール＆タップパンツの作り方
P68 基本のジャケットの作り方
P72 ジャケット応用編
P80 小物の作り方
P89 型紙ページ
P168 著者紹介

フェルトの特徴　本書は「フェルト」を使って作っています！

フェルトは織ったり編んだりしていない不織布。布端がほつれないので襟や前立て、ボタンホール等、ドール服を製作する時に、難しいところも全て切りっぱなしのままでOK。とても初心者向きの布です。

厚さ1ミリ、20cm×20cmのフェルトを使用しています。厚いものは縫いづらいので避けよう！

フェルトはカラーバリエーションが豊富で、手に入りやすい生地だよ！

両端を持って横に引っ張り伸びないほうが布の縦だよ。
基本的には型紙の縦方向と布の縦方向を揃えよう。
型紙の配置によっては例外もあるよ。
でもあまり気にしなくても大丈夫だよ。

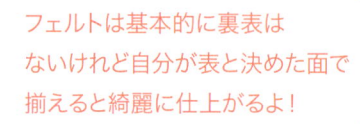

フェルトは基本的に裏表はないけれど自分が表と決めた面で揃えると綺麗に仕上がるよ！

水濡れや摩擦には弱いものもあるよ。また引っ張りすぎると歪むので注意だよ！

※ドールの材質によってはフェルトの色がボディやヘッドに色移りする可能性もあります。長時間着せっぱなしにしたり、強く擦りつけたりしないようご注意ください。
※フェルトの繊維による汚れにもご注意ください。

作り方…ワンピース (P38)、バブーシュカ (P80)、くつした (P87)
型紙……ワンピース (P91)、バブーシュカ (P91)、くつした(L) (P167)

作り方…ワンピース(P38)、ヘッドドレス(P82)
　　　　くつした(P87)
型紙……ワンピース(P119)、ヘッドドレス(P119)
　　　　くつした(S)(P167)

作り方…チュニック (P38)(ワンピースを応用)、ショートパンツ(P56)
型紙……チュニック(P147)、ショートパンツ(P149)

作り方…えりつきブラウス(P45)、ロングパンツ(P56)、ショルダーバッグ(P84)
型紙……えりつきブラウス(P105)、ロングパンツ(P107)、ショルダーバッグ(P165)

作り方…レースえりのブラウス(P46)、ロングパンツ(P56)
　　　　チェーンポシェット(P85)
型紙……レースえりのブラウス(P151)、ロングパンツ(P153)
　　　　チェーンポシェット(P165)

作り方…キャミソール&タップパンツ(P65)
型紙……キャミソール&タップパンツ(P133)

作り方…キャミソール&タップパンツ(P65)、くつした(P87)
型紙……キャミソール&タップパンツ(P111)、くつした(M)(P167)

作り方…オールインワン(P62)、くつした(P87)
型紙……オールインワン(P155)、くつした(M)(P167)

作り方…セーラーワンピース(P43)
ヘッドドレス(P82)
くつした(P87)
型紙……セーラーワンピース(P103)
ヘッドドレス(P103)
くつした(M)(P167)

© TOMY

作り方…ヨークつきワンピース(P42)、ベレー帽(P83)
　　　　くつした(P87)
型紙……ヨークつきワンピース(P135)
　　　　ベレー帽(P159)、くつした(M)(P167)

作り方…ヨークつきワンピース(P42)、ベレー帽(P83)
チェーンポシェット(P85)、くつした(P87)
型紙……ヨークつきワンピース(P101)、ベレー帽(P157)
チェーンポシェット(P165)、くつした(M)(P167)

作り方…オールインワン(P62)
　　　　ベレー帽(P83)
　　　　チェーンポシェット(P85)
　　　　くつした(P87)
型紙……オールインワン(P97)
　　　　ベレー帽(P161)
　　　　チェーンポシェット(P165)
　　　　くつした(L)(P167)

作り方…オールインワン(P62)、くつした(P87)
型紙……オールインワン(P129)、くつした(S)(P167)

作り方…ブラウス(P44)、スカート(P50)、くつした(P87)
型紙……ブラウス(P93)、スカート(P93)、くつした(L)(P167)

作り方…ブラウス(P44)、スカート(P50)、くつした(P87)
型紙……ブラウス(P121)、スカート(P121)、くつした(M)(P167)

作り方…フードマント(P74)、ロングパンツ(P56)、くつした(P87)
型紙……フードマント(P145)、ロングパンツ(P125)、くつした(S)(P167)

作り方…フードマント(P74)、ハーフパンツ(P56)、くつした(P87)
型紙……フードマント(P117)、ハーフパンツ(P95)、くつした(L)(P167)

作り方…ジャケット(P68)
ワンピース(P38)
ベレー帽(P83)
くつした(P87)
ダッフルコート(P73)
ハーフパンツ(P56)
トートバッグ(P86)
くつした(P87)
型紙……ジャケット(P99)
ワンピース(P91)
ベレー帽(P157)
くつした(L)(P167)
ダッフルコート(P115)
ハーフパンツ(P95)
トートバッグ(P165)
くつした(M)(P167)

作り方…ダッフルコート(P73)、ショートパンツ(P56)、くつした(P87)、ジャケット(P68)、スカート(P50)
ベレー帽(P83)、くつした(P87)
型紙……ダッフルコート(P143)、ショートパンツ(P127)、くつした(S)(P167)、ジャケット(P131)
スカート(P121)、ベレー帽(P159)、くつした(S)(P167)

作り方…セーラージャケット(P72)
ショートパンツ(P56)、くつした(P87)
型紙……セーラージャケット(P113)
ショートパンツ(P109)、くつした(L)(P167)

作り方…セーラージャケット(P72)、ハーフパンツ(P56)、ベレー帽(P83)、くつした(P87)、セーラーワンピース(P43)、くつした(P87)
型紙……セーラージャケット(P141)、ハーフパンツ(P123)、ベレー帽(P159)、くつした(S)(P167)、セーラーワンピース(P137)、くつした(S)(P167)

作り方…えりつきブラウス(P45)
ハーフパンツ(P56)
チェーンポシェット(P85)
型紙……えりつきブラウス(P139)
ハーフパンツ(P123)
チェーンポシェット(P165)

アイテム別 フェルト服の作り方

てぬいの基礎の基礎

はじめる前に本書によく出てくる縫い方をまとめました。

玉結び …縫い始める前に糸の先端を結びます。

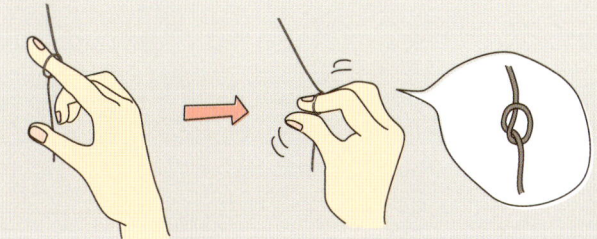

人差し指に糸をひと巻きする。　親指と人差し指で糸をよじって引きます。

玉どめ …縫い目がほどけないように縫い終わりを止めます。

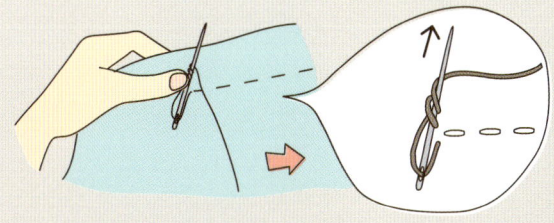

縫い終わりの目に針をあて左手で針をしっかり固定します。　針に糸を1.2回巻き付けて針を上方向に引いてください。

並縫い …レースやブレードを縫いつける時に基本になる縫い方です。

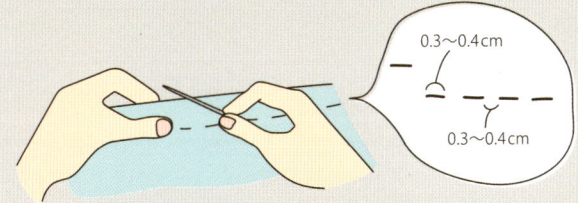

0.3〜0.4cm

左手で布をしっかり固定し縫い進める。

本返し縫い …とてもよく使う縫い方です。縫い目を頑丈に仕上げます。

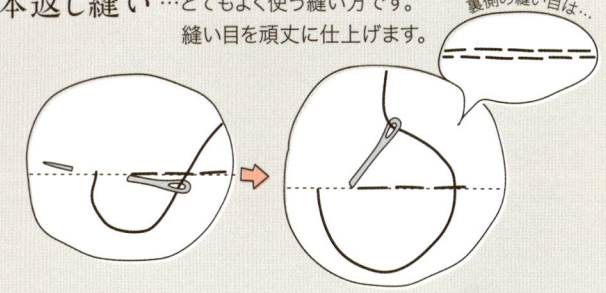

裏側の縫い目は…

二目先に針を入れます。　一目戻るように針を入れます。

アイロンの使い方

フェルトは生地が厚いので縫い代を割る時につぶすようにしっかりとアイロンをかけるのがポイント。アイロンは家庭用のスチームアイロンで大丈夫です。

縫い代を割る時は

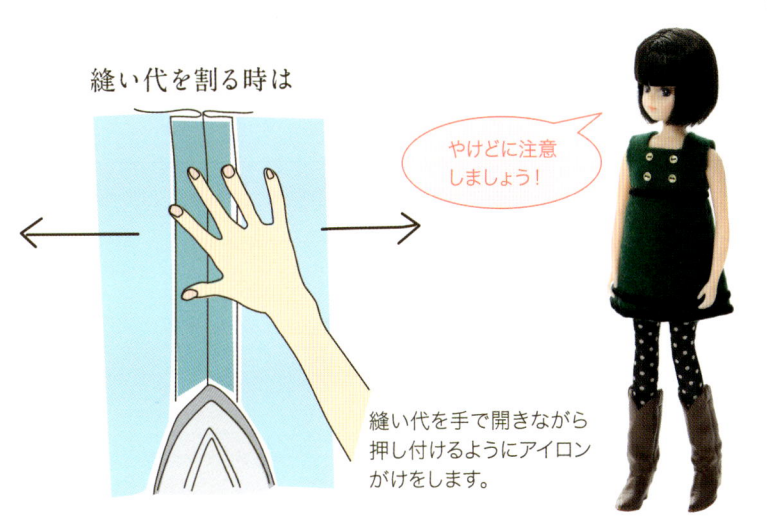

やけどに注意しましょう！

縫い代を手で開きながら押し付けるようにアイロンがけをします。

[スナップボタンの縫い付け方]

フェルト服にスナップボタンを付ける時にはちょっとしたコツがあります。ここで練習しておきましょう。

1 オスの付け方です。

2 スナップを付ける位置を決めたら中心をマチ針でとめます。

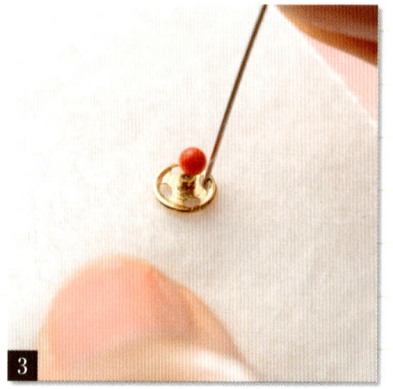
3 ひとつめの穴に上から針を刺します。

4 玉結びが穴の上に出ます。

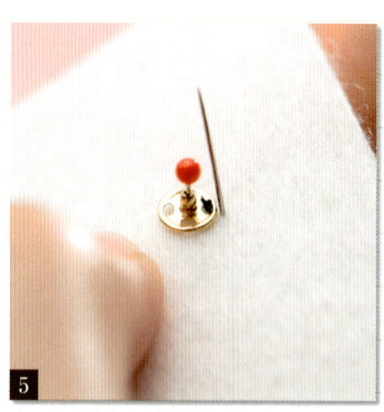
5 穴のすぐ脇から針を出します。

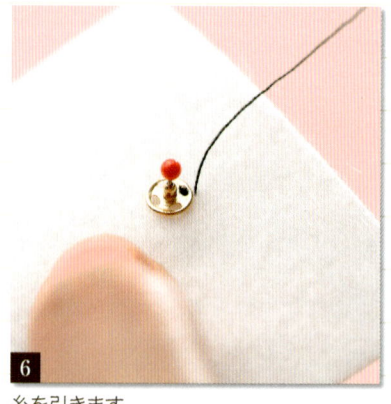
6 糸を引きます。

7 同じ穴に戻します。

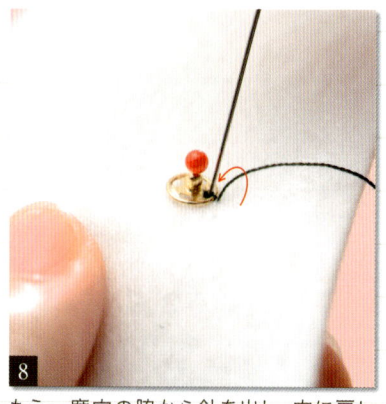
8 もう一度穴の脇から針を出し、穴に戻して穴に糸が2重に渡るようにします。

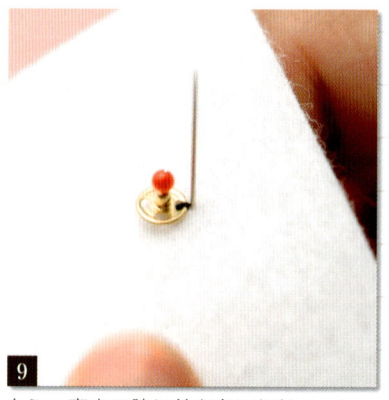
9 もう一度穴の脇に針を出します。

一針一針ていねいに縫い付けていこう！

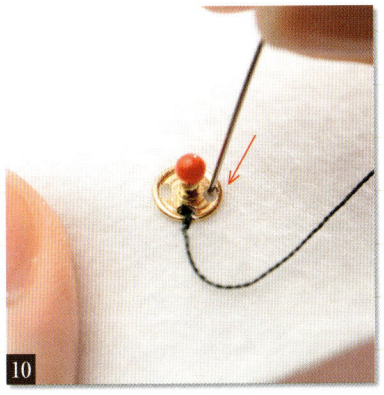

10
次の穴に針を上から刺します。

11
次の穴に糸が渡ります。

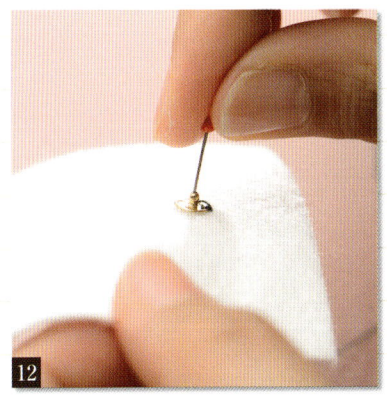

12
マチ針を抜きます。

13
一つ目の穴と同じように穴に糸が2重に渡るように縫い付けていきます。

14
4つの穴全てを縫い付けます。

15
4つ目の穴の脇で玉どめを作ります。

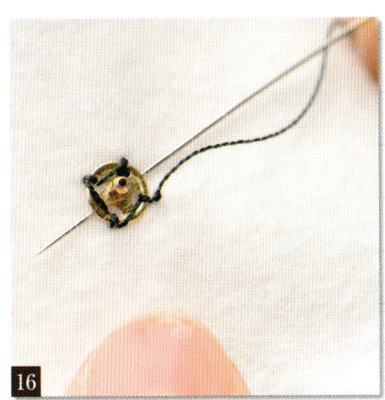

16
スナップボタンの下に針を通します。

17
ぎゅっと引っ張り玉どめをスナップの下に入れます。

18
糸を切ります。

© TOMY

19
出来上がりです。

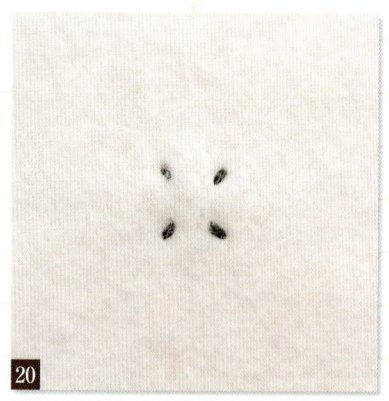
20
表はこの様に糸が出ます。フェルト服は表に糸が出るので、なるべく糸が少なく、綺麗に出るように縫い付けましょう。

21
難易度は少しアップしますが穴と穴の間に渡した糸をスナップの下にくぐらせるとより綺麗な仕上がりになります。

22
どちらの付け方でも良いです。

23
表は同じ仕上がりになります。

24
メスの付け方です。

25
中心をマチ針でとめます。

26
一つ目の穴に下から針を出します。

27
穴の脇に針を刺し、同じ動作を繰り返して2重に糸を渡します。

28 次の穴に下から針を出します。

29 4つの穴を同じように縫い付けていきます。

30 裏で玉どめを作ります。

31 出来上がりです。

32 メスは服の裏に糸が出るので裏の糸はあまり気にしなくても大丈夫です。

針で指をささないように気をつけましょう！

［型紙の写し方 〜裁断〜］

型紙をフェルトにきちんと写すことはステキなお洋服を作るためのファーストステップ。しっかりと写して裁断しましょう。

1 紙切り用のはさみで型紙を切り取っていきます。

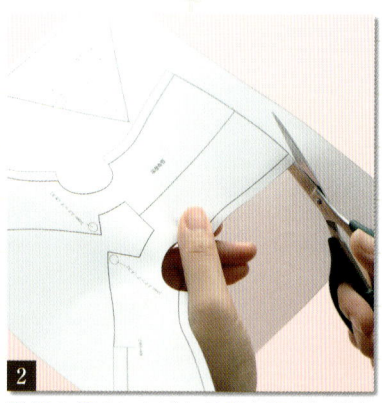

2 型紙の線のいちばん外側を丁寧に切り取っていきましょう。

3 型紙の配置図を参考にしてフェルトの上に型紙をのせます。型紙をのせた面が裏側になります。

4 そのまま手で押さえながら型紙の周りをなぞっていきますが、型紙が動いてしまって写しづらい場合は両面テープで貼り付けてからなぞっていくと良いでしょう。

5 型紙の周りをチャコペンで丁寧になぞっていきます。

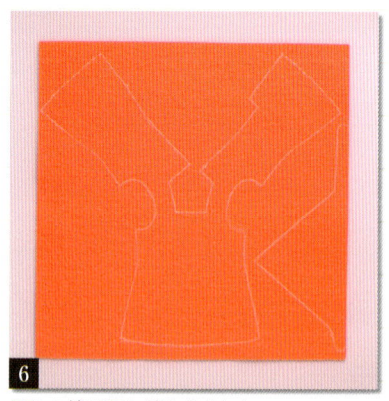

6 周りの線が写し終わりました。

7 定規を使って縫い線を引いていきます。(P35型紙の使い方補足参照)

8 ダーツのある型紙はダーツ部分を切り取ってダーツの印を写します。

9 周りの線に型紙を合わせてダーツ部分を書き込みます。

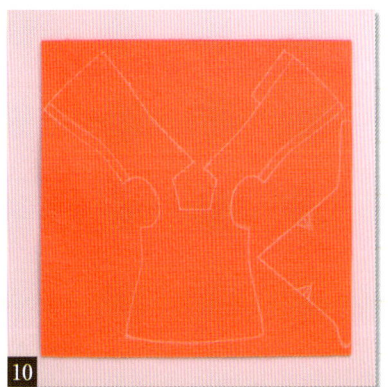
縫い線、ダーツも全て写し終わりました。

裁断用のはさみでフェルトをカットしていきます。

フェルトは切り口がそのまま出てしまうので丁寧にカットしましょう。

裁断が終わりました。

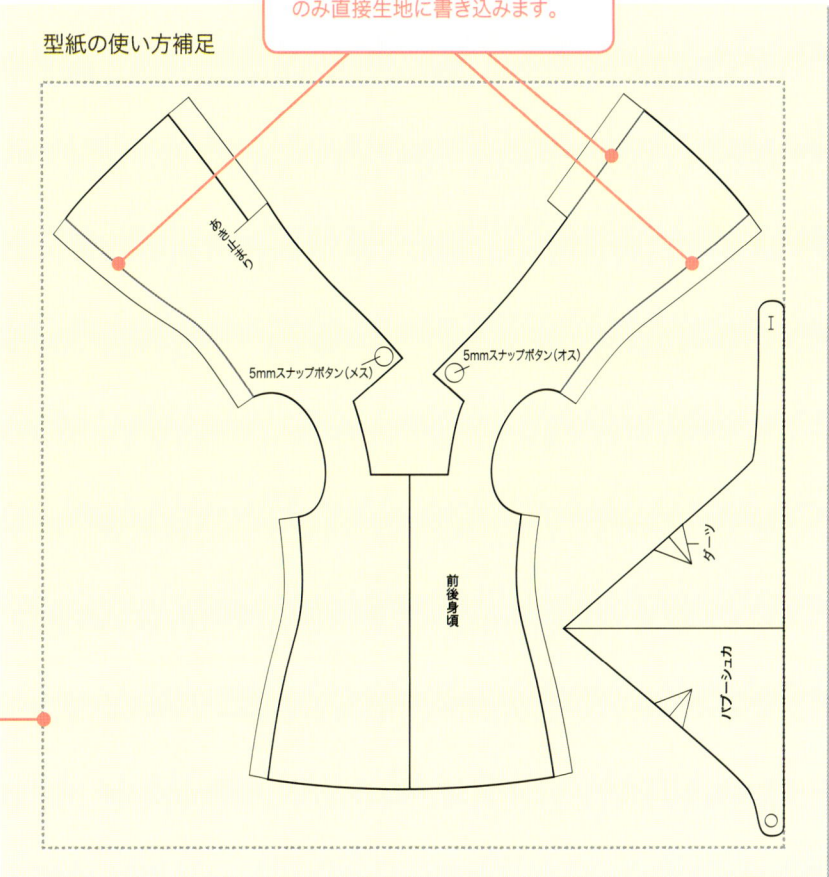

生地に写す縫い線はうすい色になっています。うすくなっている線のみ直接生地に書き込みます。

型紙ページの四角い枠は20cm×20cmのフェルトに見立てています。型紙はそのまま配置図にもなっているので裁断時の参考にしてください。

ドール服サイズ リスト

本書で掲載している型紙を使って製作するお洋服のドール別サイズ早見表です。

	ワンピース	ブラウス	パンツ	スカート	オールインワン	ジャケット	マント
リカちゃん	22cm	22cm	22cm	22cm	22cm	22cm	22cm
ブライス	22cm	22cm	22cm	22cm	22cm	22cm	22cm
おでこちゃんとニッキ（うさぎぃ）	20cm	20cm	20cm	20cm	20cm	20cm	20cm
ミディブライス	20cm	20cm	20cm かなり大きめです。要調整	20cm 要ウェスト調整	20cm	20cm かなり大きめです。要調整	20cm
タイニー・ベッツィー・マッコール	22cm、20cm どちらもOK	22cm 少し大きめ	22cm	22cm	22cm	22cm、20cm どちらもOK	20cm
ダル	22cm 20cmもチュニックとしてOK	22cm	22cm	22cm	22cm	22cm	22cm
momoko	27cm チュニック丈になります	27cm	27cm	22cm 丈は要調整	27cm	型紙未掲載	22cm
プーリップ	27cm チュニック丈になります	27cm	27cm	22cm 丈は要調整	27cm 胸回り、肩ひも要調整	型紙未掲載	22cm
ユノアクルスライト	27cm チュニック丈になります	27cm	27cm	22cm 丈は要調整	27cm 肩ひも要調整	型紙未掲載	22cm

※参考サイズです。製作される皆様の作り方によっても変わります。また市販の服が適用されるものではございません。

作り方ページ

第一章 ワンピース

かわいいワンピースを作ってみよう!

ワンピース

[基本のワンピースの作り方] 難易度 ★☆☆

〈材料〉 20cm×20cmのフェルト … 1枚 / スナップボタン … 1組

1 フェルトを裁断し、身頃に縫い線、バブーシュカにダーツの印を書き込んでおきます。

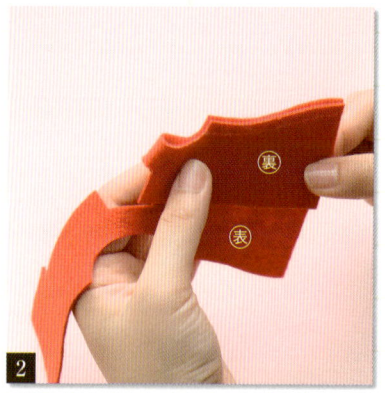

2 身頃の脇を中表に合わせ、本返し縫いで縫い線の上を縫い合わせていきます(本返し縫いはP29参照)。

3 縫い始めは裾から3mmほど先に下から針を刺します。

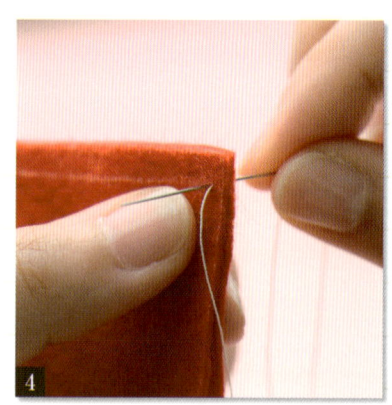

4 糸を最後まで引き、また下から同じところに針を出します。

5 裾に輪っか状に糸が渡ります。

6 糸をぎゅっと引っ張ります。

7 同じ動作を繰り返し、2重に糸を渡してぎゅっと引っ張り縫い始めます。

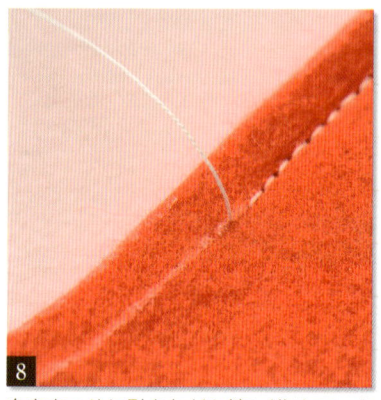

8 糸をきつめに引きながら縫い進めていきます。

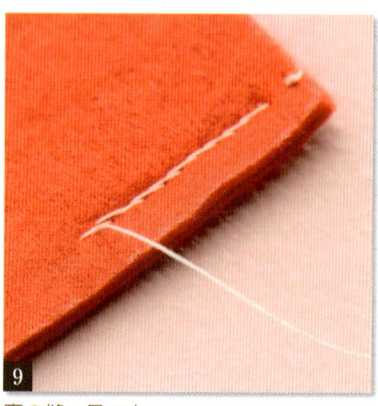

9 裏の縫い目です。

先ずは基本のワンピースから覚えよう！

10 縫い終わりも始まりと同じように糸を渡します。

11 糸を輪っか状にします。

12 2重に渡してぎゅっと引きます。

13 最後に玉どめを作ります（玉どめはP29参照）。

14 縫い終わったところです。

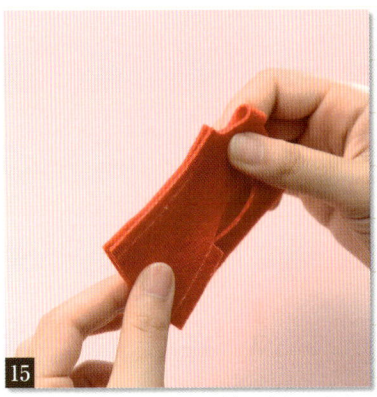

15 反対側の脇も同じように縫い合わせます。

16 両脇が縫い合わさったところです。

17 身頃を開き脇の縫い代を開きます。

18 アイロンでしっかりとプレスします。

19 縫い代をつぶす事で服の形がしっかりと出ます。

20 後中心を中表に合わせます。

21 裾をしっかりと合わせます。

22 脇の縫い始めと同じ要領で縫い進めていきます。

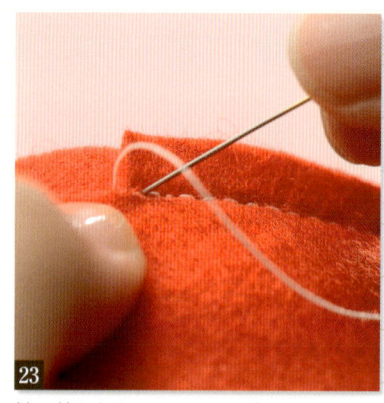

23 縫い終わりも同じように2重に糸を渡します。

24 輪っか状にして糸を引きます。

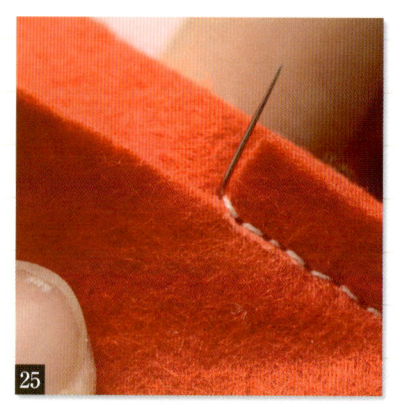

25 下から針を出します。

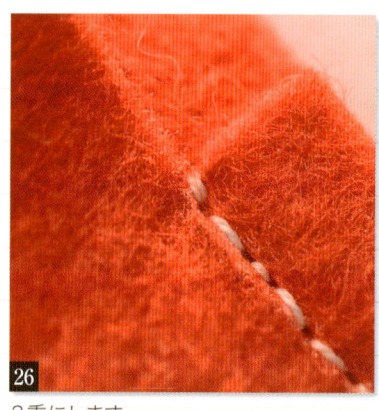

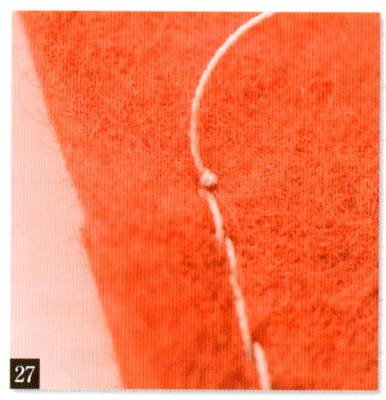

26 2重にします。

27 後で玉どめを作ります。

28 縫い代は向かって左に倒しておきます。

29 裾から表に返します。

30 ワンピースの形になりました。

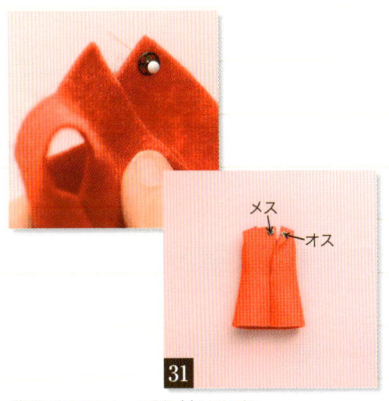

31 後あきにスナップを付けます（スナップボタンの付け方はP30参照）。

32 完成です！

バブーシュカの作り方はP80を見てね！

ワンピース応用編
[ヨークつきワンピースの作り方] 難易度 ★★☆

〈材料〉 20cm×20cmのフェルト … 2枚(1枚は襟、ヨーク用) / ヨークの周りに付けるブレードやレース … 適量

1 身頃と襟に縫い線、切り込み線等を書き込んでおきます。

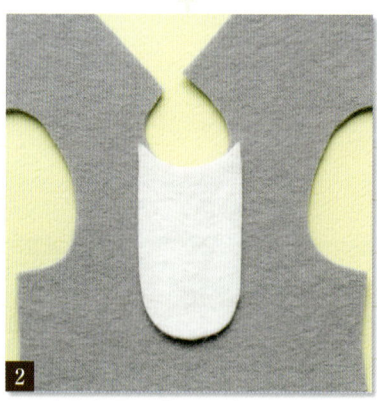

2 ヨークを身頃にボンドで仮どめしておきます。

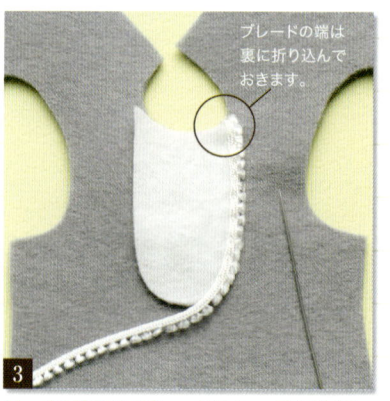

3 ヨークの周りにブレードやレースを並縫いで縫い付けます。(ブレードの端は裏に折り込んでおきます。)

4 身頃に襟を縫い付けます(P45参照)。

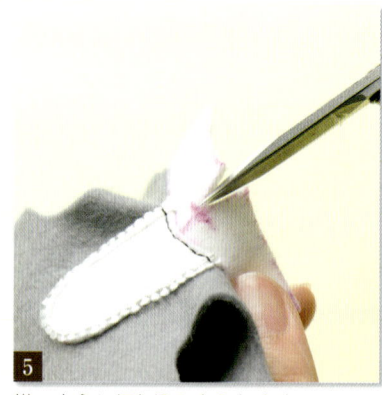

5 襟の中心に切り込みを入れます(型紙の切り込み線を参照)。

6 襟を折り線で折ります。

7 襟の後ろは折り線から折り、ボンドで貼り付けておきます。

8 基本のワンピースの作り方を参照して最後まで仕上げます(P38参照)。

リボンやビーズで飾りを付けるとかわいいよ!

[セーラーワンピースの作り方] 難易度 ★★☆

〈材料〉 20cm×20cmのフェルト … 1枚(襟の色を変える場合はもう1枚) ／ ドール用ボタンやビーズ … 4個

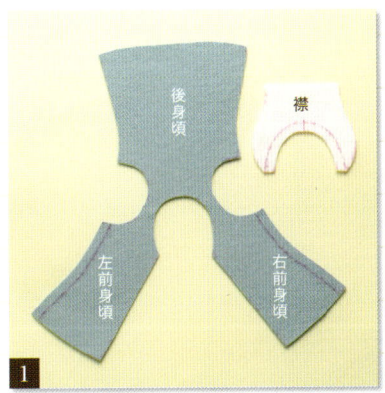

1 身頃と襟に縫い線、襟付け位置を書き込んでおきます。

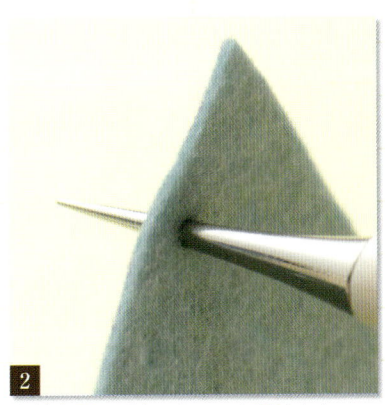

2 右前身頃にボタンホールを開けます(P78参照)。

3 襟を縫い付けます(P75参照)。

4 襟を寝かせてアイロンでプレスします。

5 両脇を中表に縫い合わせます。

6 左前身頃にボタン(ビーズ)を縫い付けて完成です!

襟にレースやリボンを付けてたくさんアレンジしてみよう!

© TOMY

[ブラウスの作り方] 難易度 ★☆☆

〈材料〉 20cm×20cmのフェルト … 1枚 / 3mmビーズ … 2個 / 飾り用のリボンやモチーフ … 適量

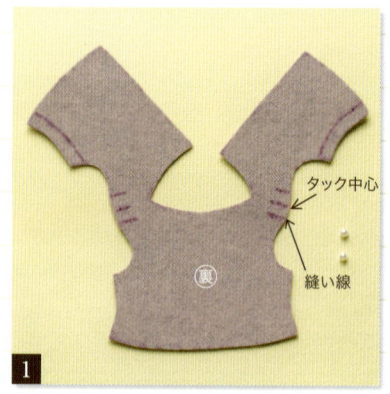

1 身頃に縫い線、タックの印を書き込んでおきます。

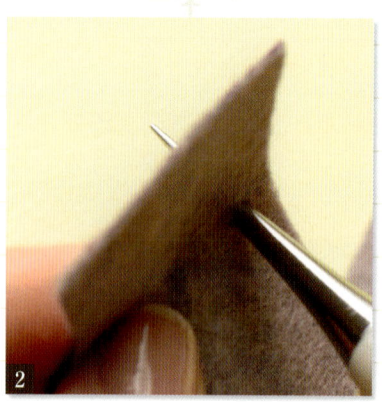

2 ボタンホールを開けます(P78参照)。

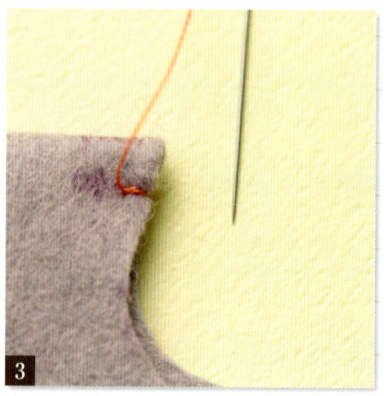

3 中心からタックを半分に折り、縫い線の上を端だけ縫いとめます(20cmサイズは肩のタックはありません)。

4 表に返すとタックがつままれた状態になります。

5 両脇を中表に縫い合わせます。

6 後あきにビーズを縫い付けます。

7 前肩の辺りに飾り用のリボンモチーフ等を縫い付けて完成です!

リボンの代わりにレースやビーズでアレンジできるよ!

[ブラウスのえりつけ]　難易度 ★★☆

1 身頃に襟付け位置と中心の印、襟に縫い代線と中心の印を書き込みます。

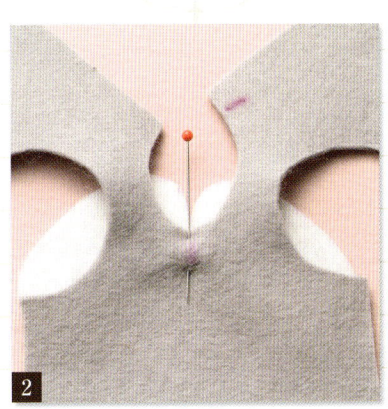

2 身頃と襟の中心をマチ針でとめます。

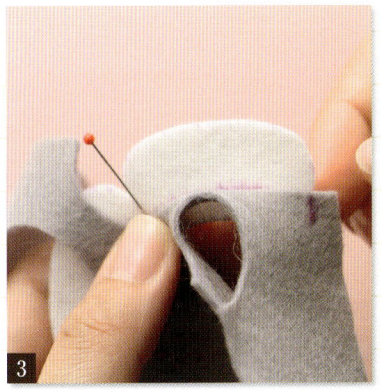

3 ジャケットの襟付けと同じ要領で縫い付けていきます(P75参照)。

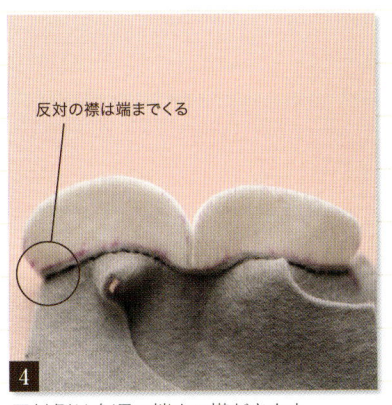

4 反対側は身頃の端まで襟がきます。
（反対の襟は端までくる）

5 襟を寝かせてアイロンでプレスします。

6 襟付け完成です！襟が浮くようならボンドで貼り付けてしまいましょう。基本のワンピースの作り方に戻って、最後まで仕上げます(P38参照)。

丸襟にするとガーリィだね！

とんがり襟にしてもかわいいよ！

［レースえりのつけ方］ 難易度 ★★☆

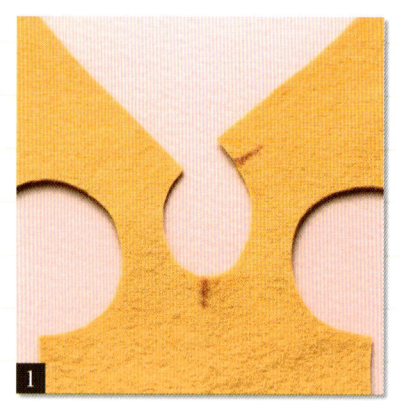

1 身頃に襟付け位置と中心の印を付けます。

2 中心の印から襟付け位置までの長さを計ります。

3 計った長さプラス1cmの長さでレースをカットします。

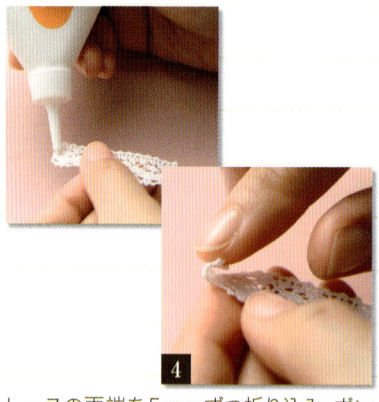

4 レースの両端を5mmずつ折り込み、ボンドで貼り合わせます。

5 計った長さに合わせたレースパーツにします。

6 端を折り込んだ面を裏側とし、裏に5mmの縫い代線を書き込みます。

7 襟付け位置から中心までレースを合わせ、襟付けと同じ要領で縫い付けていきます（P45参照）。

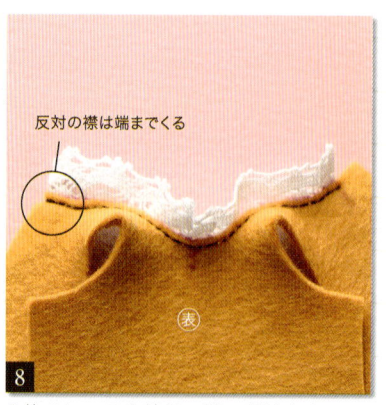

（襟付け位置に合わせる）（裏）（表）

8 2枚のレースを続けて縫い付けます。

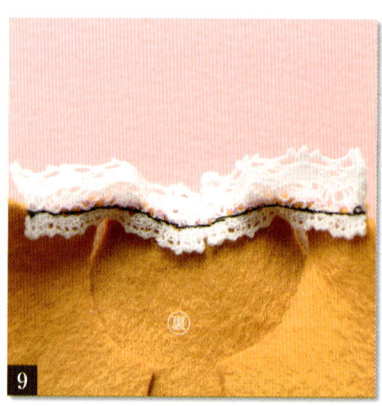

（反対の襟は端までくる）（表）

9 レースは縫い代に切り込みは入れません。

（裏）

10 襟が付いたところです。

11 襟を寝かせてアイロンでプレスします。

12 レースの襟付け完成です！基本のワンピースの作り方に戻って最後まで仕上げます（P38参照）。

［ポケットのつけ方］ 難易度 ★☆☆

1 ポケットの付け位置を身頃に書き込みます。

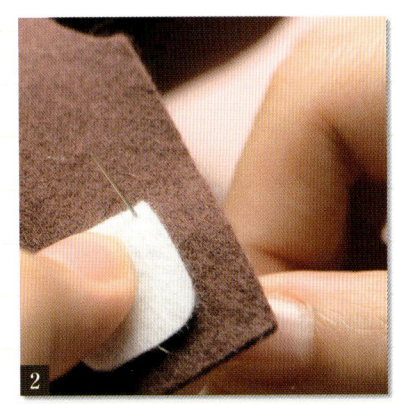

2 ポケットを位置に合わせて縫い始めます。

3 縫い始めは2重に糸を渡ししっかりと縫いとめます。

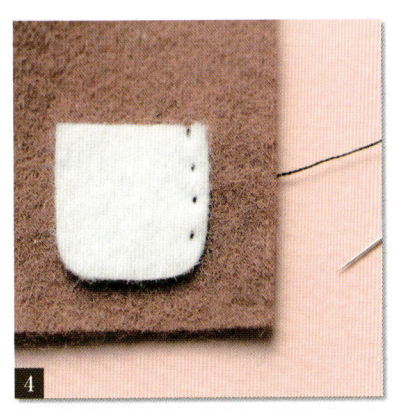

4 縫い目があまり表に出ないように点々と縫いとめていきます。

5 縫い終わりも始めと同様にしっかりと縫いとめましょう。ポケット付け完成です！

ポケットはワンピースやブラウスに付けるとかわいいよ！

© TOMY

ワンピース一覧 基本のワンピースをアレンジしてできるアイテム一覧です。

22cm

- ワンピース ▶▶▶ P.91
- ワンピース ▶▶▶ P.91
- ワンピース ▶▶▶ P.91 
- ワンピース ▶▶▶ P.91
- ヨークつきワンピース ▶▶▶ P.101 
- セーラーワンピース ▶▶▶ P.103 
- ブラウス ▶▶▶ P.93
- えりつきブラウス ▶▶▶ P.105 
- えりつきブラウス ▶▶▶ P.105
- レースえりのブラウス ▶▶▶ P.105

20cm

- ワンピース ▶▶▶ P.119
- ワンピース ▶▶▶ P.119
- ヨークつきワンピース ▶▶▶ P.135
- セーラーワンピース ▶▶▶ P.137
- ブラウス ▶▶▶ P.121
- えりつきブラウス ▶▶▶ P.139 

27cm

- チュニック ▶▶▶ P.147
- レースえりのブラウス ▶▶▶ P.151
- レースえりのブラウスアレンジ ▶▶▶ P.151

※ P.00 は型紙掲載ページ

作り方ページ

第二章 スカート

タックスカートを作ってみよう!

スカート

[基本のスカートの作り方] 難易度 ★☆☆

〈材料〉 20cm×20cmのフェルト … 1枚 / スナップボタン … 1組

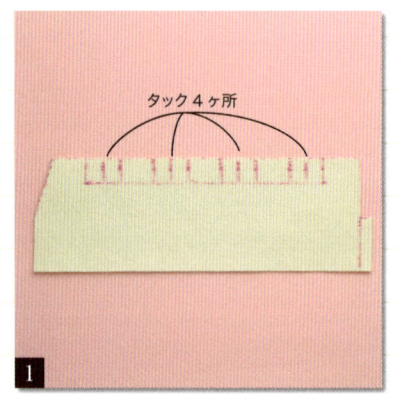

1 フェルトを裁断し、縫い線、タックの線を書き込みます。

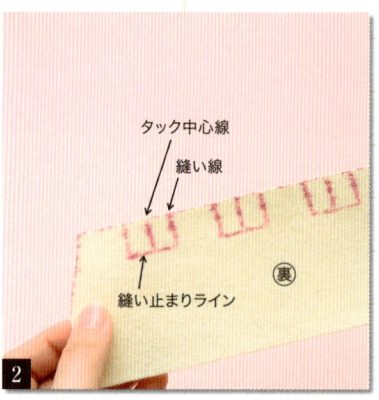

2 4つのタックを1つずつ縫い合わせていきます。

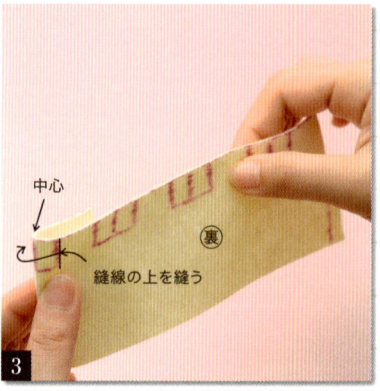

3 タックの中心線から半分に折り、縫い線の上を縫っていきます。

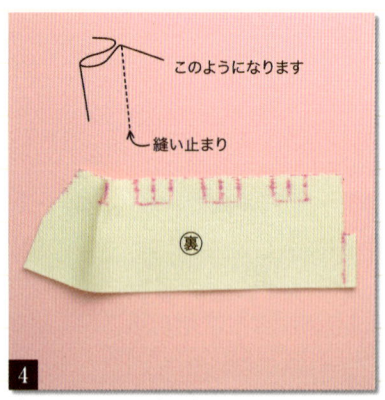

4 縫い止まりまで縫い合わせます。縫い止まりは糸を往復させしっかりと縫いとめておきます。

5 残りのタックも同様に縫い合わせていきます。

6 4つのタックを全て縫ったところです。

7 表から見たところです。

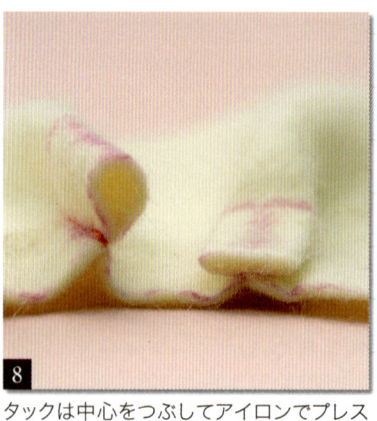

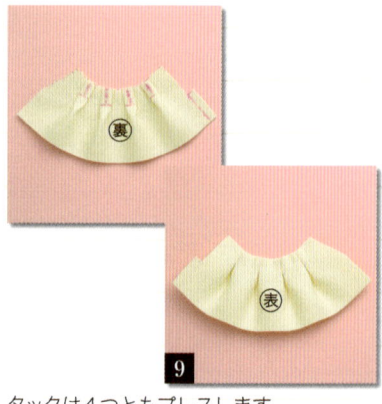

8 タックは中心をつぶしてアイロンでプレスします。

9 タックは4つともプレスします。

裾はふんわり仕上げよう！

10 後中心の裾を中表に合わせます。

11 後中心の縫い線の上を縫い合わせていきます。

12 あき止まりまでしっかりと縫い合わせます。

13 裾から表に返します。

14 後あきにスナップボタンを付けます（P30参照）。

15 左右にオスメスのスナップボタンが付きます。

16 完成です！

タックスカートの線の写し方

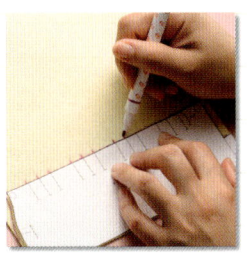

タックの線を書き込んでいきます。型紙の線に沿って点々と印をつけていきます。

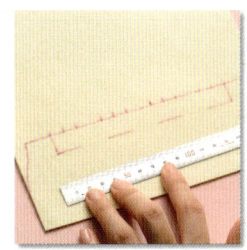

タックの長さ1.5cmのところに線を引きます。

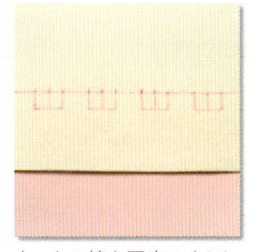

タックの線を写真のようにつなげて書き込みます。

スカート応用編

[スカートデコのいろいろ]

1 市販のフロッキープリントシート

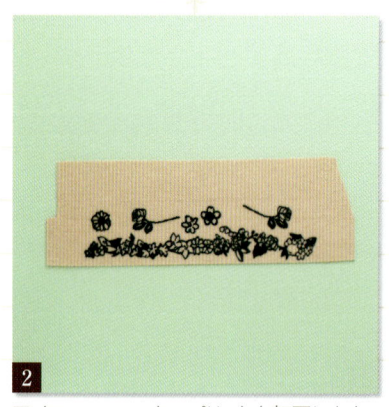

2 アイロンでフロッキープリントを転写します。

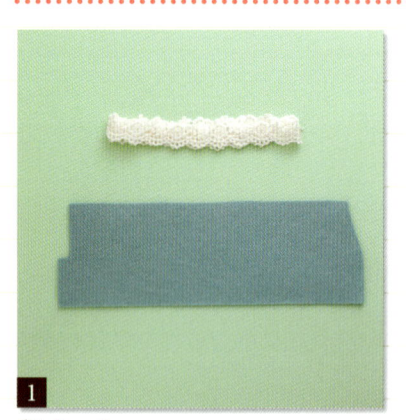

3 仕上がりです。

---

1 白いレース

2 白いレースは裾にボンドで貼り付けます。

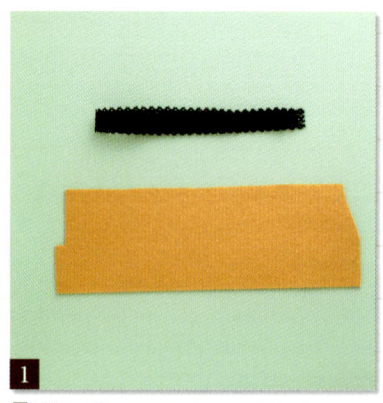

3 仕上がりです。

---

1 黒いレース

2 黒いレースはボンドで貼ると白く目立ってしまう場合があるので並縫いで縫い付けます。

3 仕上がりです。

1 ニットのお花モチーフ	**2** モチーフは1つ1つ縫い付けます。	**3** 仕上がりです。

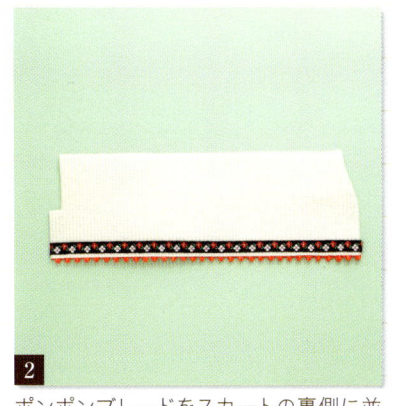

1 チロリアンテープ＆ポンポンブレード	**2** ポンポンブレードをスカートの裏側に並縫いで縫い付けて上にチロリアンテープをボンドで貼り付けます。	**3** 仕上がりです。

アイデア次第でどんどん広がるよ！

© TOMY

スカート一覧

基本のスカートをアレンジしてできるアイテム一覧です。

22cm → スカート ▶▶▶ P.93

スカート ▶▶▶ P.93

20cm → スカート ▶▶▶ P.121

スカート ▶▶▶ P.121

27cm → スカート ▶▶▶ P.93

※22cmの型紙の丈を長くして製作しましょう。

※ P.00 は型紙掲載ページ

シンプルな形だから色んなデコを楽しもう！

作り方ページ

第三章 パンツ

いろんなタイプのパンツが作れるね！

パンツ

[基本のパンツの作り方] 難易度 ★★☆

〈材料〉 20cm×20cmのフェルト … 1枚 / スナップボタン … 1組

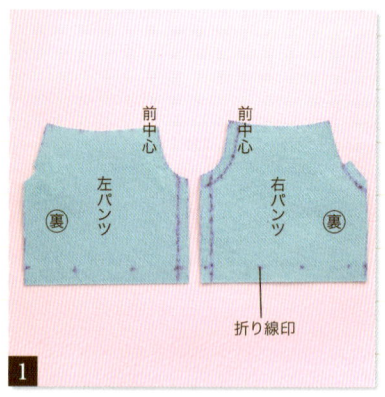

1 フェルトを裁断し、縫い線、折り線の印を書き込んでおきます。

2 裾の折り線を表側に折り上げてアイロンでプレスします。

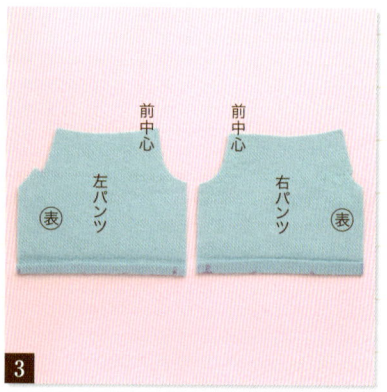

3 左右共に折り上げ、しっかりとプレスします。

4 前中心を中表に合わせます。

5 前中心の縫い線の上を縫い合わせていきます。

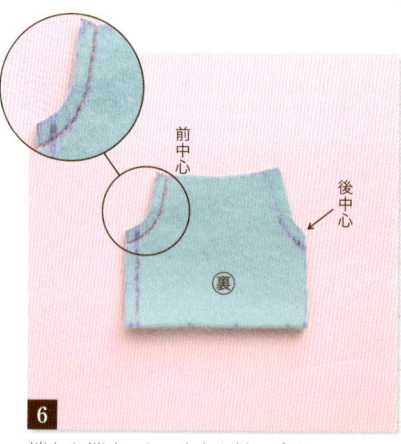

6 端から端までしっかりと縫い合わせます。

7 前中心の縫い代に切り込みを入れます（型紙参照）。

8 前中心から左右に開きます。

9 前中心の縫い代を開き、アイロンでつぶすようにしっかりとプレスします。

10
後中心を中表に合わせます。

11
後中心の縫い線の上を縫い合わせていきます。

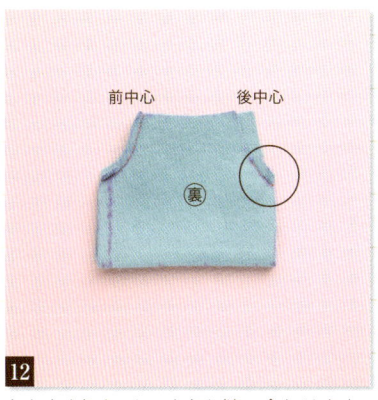

12
あき止まりまでしっかりと縫い合わせます。

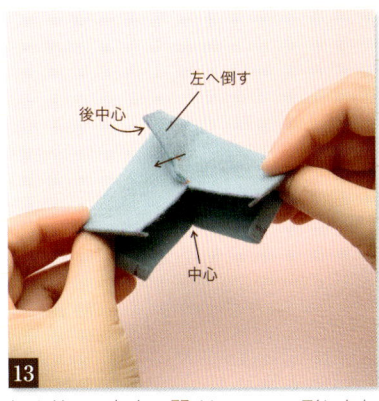

13
裾を持って左右に開くとパンツの形になります。後中心の縫い代は左側に倒しておきます。

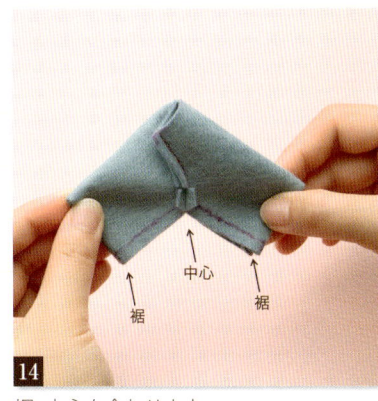

14
裾、中心を合わせます。

15
中心がずれないように注意しながら股下の縫い線の上を縫い合わせていきます。

16
しっかりと縫い合わせます。

17
股下の縫い代に切り込みを入れます（型紙参照）。

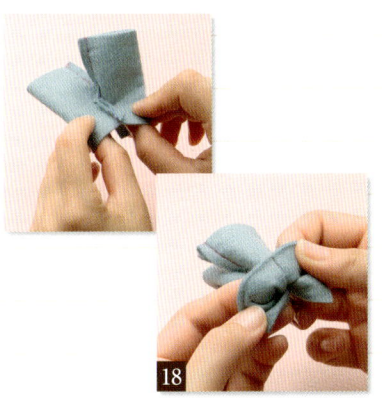

18
ウエスト部分から表に返します。

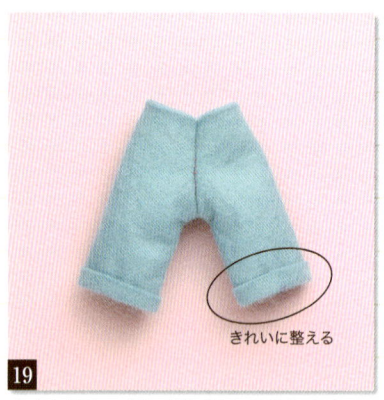

19 完全に返して裾の折り返しを整えます。 きれいに整える

20 アイロンでシワを伸ばしながらプレスします。

21 サイドに折り線が付く位にしっかりとプレスします。 後ろあき

22 股下の縫い線とサイドの折り線を合わせてたたむようにし、左右パンツの中心に折り線をつけます(センタープレス)。

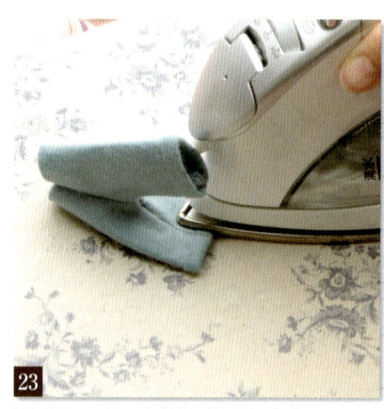

23 アイロンでしっかりとプレスします。

24 左右をプレスしてきれいにたたまれた状態にします。

25 後あきにスナップボタンを付けます(P30参照)。

26 左右にオスメスのスナップボタンが付きます。 メス オス

27 完成です!

パンツ一覧

基本のパンツをアレンジしてできるアイテム一覧です。

22cm
- ハーフパンツ ▶▶▶ P.95
- ハーフパンツ ▶▶▶ P.95
- ロングパンツ ▶▶▶ P.107
- ショートパンツ ▶▶▶ P.109

20cm
- ハーフパンツ ▶▶▶ P.123
- ハーフパンツ ▶▶▶ P.123
- ロングパンツ ▶▶▶ P.125
- ショートパンツ ▶▶▶ P.127

27cm
- ショートパンツ ▶▶▶ P.149
- ロングパンツ ▶▶▶ P.153
- ハーフパンツ ▶▶▶ P.153

※ハーフパンツはロングパンツの型紙をカットして製作しましょう。

※ P.00 は型紙掲載ページ

パンツはどんなトップスとも好相性！

★ 余ったフェルトでヘアアクセサリーを作ろう 1 ―― リボンのヘアピン

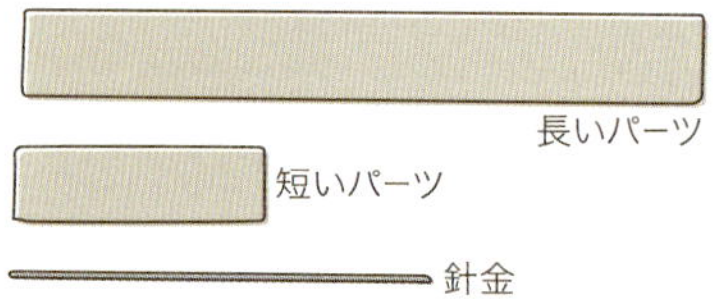

長いパーツ
短いパーツ
針金

❶ 細長いパーツを2枚と針金を用意します。

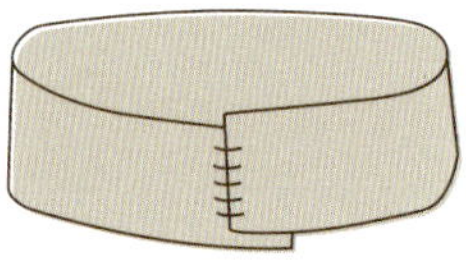

❷ 長いパーツを輪にして縫い合わせます。

❸ 輪にしたパーツの中心を糸でギュッとしぼります。

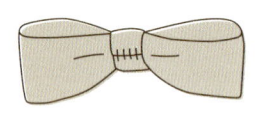

❹ 中心に短いパーツを巻き付けて縫いとめます。

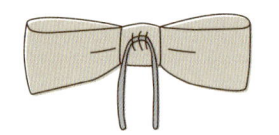

❺ U字形にまげた針金を糸で縫い付けます。

❻ でき上がり！！

大きさはドールサイズに合わせて調整しよう！

頭の大きいドールなら市販のピンどめに縫い付けてもOK

★ 余ったフェルトでヘアアクセサリーを作ろう 2 ―― リボンのヘアバンド

リボンパーツ
長いパーツ
ゴムテープ

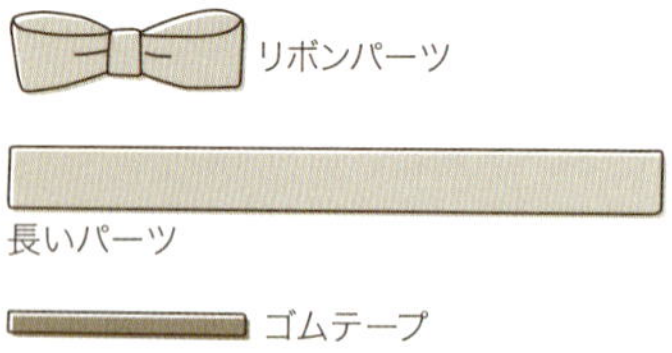

❶ 1でつくったリボンパーツ、人形の頭囲の3分の2程の長さにカットした細長いパーツ、ゴムテープを用意します。

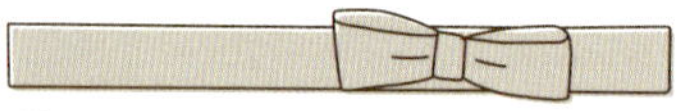

❷ 細長いパーツにリボンパーツを縫い付けます（位置は好みで）

❸ 細長いパーツの端と端をゴムテープでつなぎ合わせてでき上がり！！

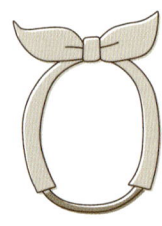

リボン部分をバンダナ風にカットしてアレンジも！

大きさはドールサイズに合わせて調整しよう！

★ くつしたをアレンジしてみよう ―― Sサイズの型紙を使用して三つ折りソックスを作ろう！

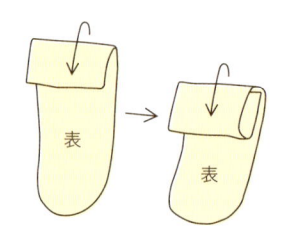

❶ 裁断した生地の上部を表側に2回折り、プレスします。

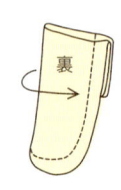

❷ 折り込んだ状態で半分に折り縫い合わせます。

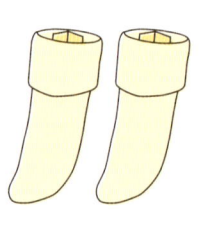

❸ 表に返してでき上がり！

生地の裏面が表に出るので裏表の目立たないニット生地を使用しよう！

サイドにリボンを付けてもかわいいよ！
作り方……P87
型紙………P167

作り方ページ

第四章 オールインワン

オールインワンは
元気っ子アイテム！

オールインワン

[基本のオールインワンの作り方]　難易度 ★★☆

〈材料〉　20cm×20cmのフェルト … 2枚 ／ スナップボタン … 2組

1 フェルトを裁断し、縫い線を書き込んでおきます。

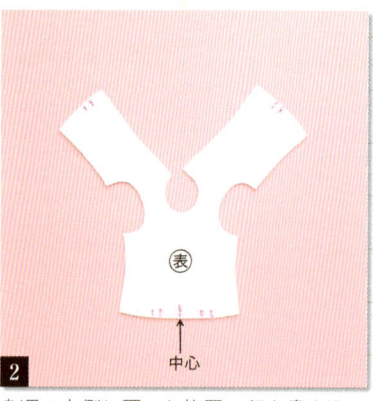

2 身頃の表側に肩ひも位置の印を書き込みます(型紙参照)。

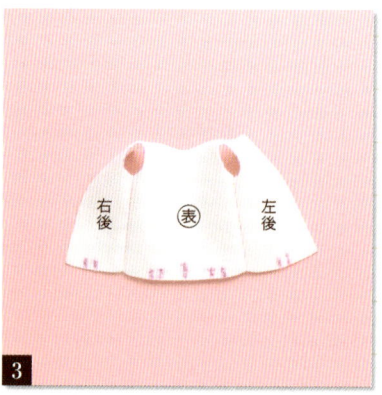

3 両脇を中表に縫い合わせます。

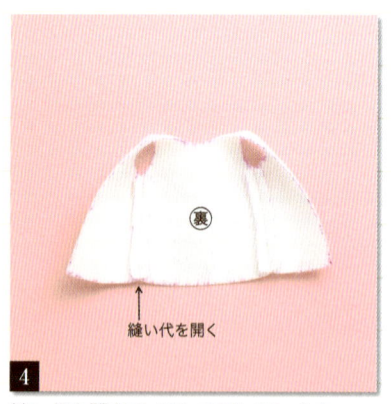

4 縫い代を開きアイロンでプレスします。

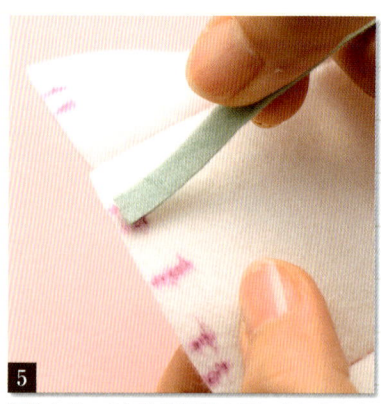

5 肩ひもパーツを前身頃側の印に合わせます。

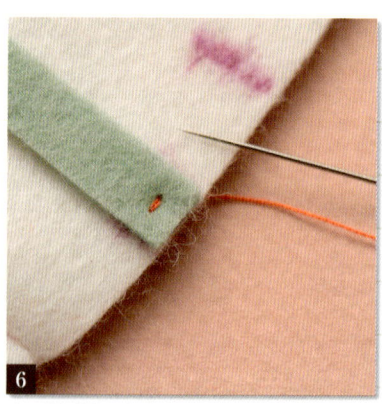

6 糸で軽く縫いとめておきましょう。

7 肩ひもは後で交差するので右側の肩ひもは左後に縫いとめます。

8 左側の肩ひもは右後に縫いとめます。

9 パンツの前中心を中表に縫い合わせます。

※肩ひもがつかないタイプは **5**〜**8** の工程をカットします。

10 前中心の縫い代に切り込みを入れ、縫い代を開きアイロンでプレスします。	**11** 身頃の中心とパンツの前中心を中表に合わせます。	 **12** 中心がずれないようにマチ針でとめておきます。
 **13** 身頃とパンツの端をしっかりと合わせてウエストの縫い線の上を縫い合わせていきます。	 **14** 身頃とパンツがずれないように注意しながら縫い進めます。中心を過ぎたらマチ針は抜きましょう。	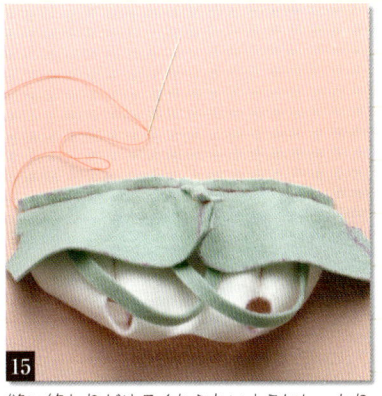 **15** 縫い終わりがゆるくならないようにしっかりと縫いとめます。
16 身頃とパンツが縫い合わさったところです。	**17** 裏から見たところです。	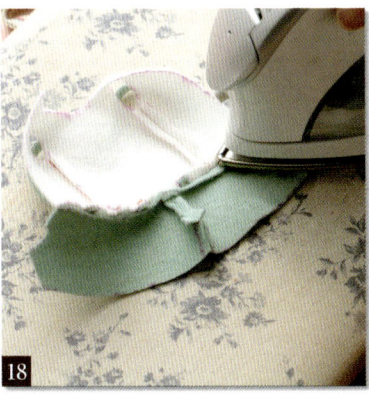 **18** ウエストの縫い代を開きアイロンでプレスします。

63

肩ひもにバックルを通すとリアルになるよ！

19 表からもアイロンをかけ、ウエストの接ぎ目を落ち着かせます。

20 後中心を中表に合わせます。

21 後中心をあき止まりまで縫い合わせます。

あき止まり

22 裾を持って左右に開き股下を合わせます。

23 股下の縫い線の上を縫い合わせ、縫い代に切り込みを入れます(型紙参照)。

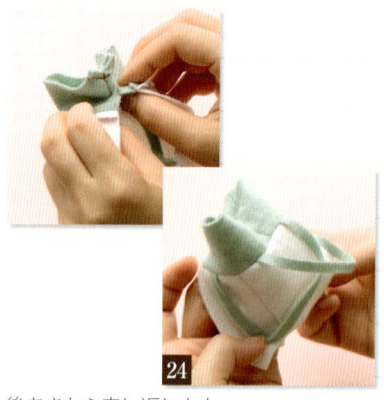

24 後あきから表に返します。

25 後あき2ヶ所にスナップボタンを付けます(P30参照)。

メス　オス

26 完成です！

チャコペンの消し方

水でぬらした綿棒で細かく残っているチャコペンの跡を消します。

[キャミソールの作り方] 難易度 ★☆☆

〈材料〉 20cm×20cmのフェルト … 1枚 ／ レース … 適量

1 身頃にレースの付け位置を書き込んでおきます。

2 付け位置に合わせてレースを縫い付けます。レースの端は裏に折り込み縫いとめます。

3 使用するレースの幅や種類によって肩ひもの長さを調整しつつ後ろ側にレースを縫い付けます。

4 両方のレースを縫い付け、後にスナップを付けて完成です！(P30参照)。

[タップパンツの作り方] 難易度 ★★☆

1 パンツに縫い線を書き込んでおきます。

2 パンツの裾にレースを縫い付けます。

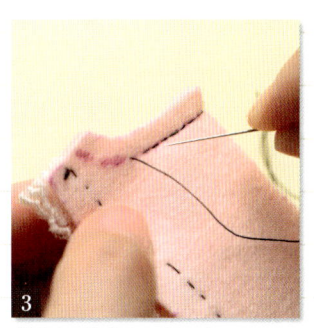

3 前中心、後中心を縫い合わせます。

4 股下を中表に縫い合わせます。

5 表に返してスナップボタンを付けて完成です！(P30参照)。

やさしい色で作るとランジェリーらしくなるね！

オールインワン一覧

基本のオールインワンをアレンジしてできるアイテム一覧です。

22cm
- オールインワン ▶▶▶ P.97
- レースえりのオールインワン ▶▶▶ P.97
- レースえりのオールインワン ▶▶▶ P.97
- キャミソール ▶▶▶ P.111
- タップパンツ ▶▶▶ P.111

レース襟はP46参照

20cm
- オールインワン ▶▶▶ P.129
- レースえりのオールインワン ▶▶▶ P.129
- キャミソール ▶▶▶ P.133
- タップパンツ ▶▶▶ P.133
- キャミソール ▶▶▶ P.133

レース襟はP46参照

27cm
- オールインワン ▶▶▶ P.155

※ P.00は型紙掲載ページ

レースやリボンで自由にアレンジしてみよう！

作り方ページ

第五章　ジャケット

ジャケットは
ちょっぴり難しいよ！

ジャケット

[基本のジャケットの作り方] 難易度 ★★★

〈材料〉 20cm×20cmのフェルト … 1枚 ／ ドール用ボタンやビーズ … 3個

1 フェルトを裁断し、縫い線、折り線の印を書き込みます。

2 右前身頃にボタンホールの穴を開けます(P78参照)。

3 ポケット位置の印を付けます。

4 ポケットを縫い付けます(P47参照)。

5 後身頃と前身頃の肩を中表に縫い合わせます。

6 縫い代を開きアイロンでプレスします。

7 襟を縫い付けます(P75参照)。

8 襟を寝かせてしっかりプレスします。

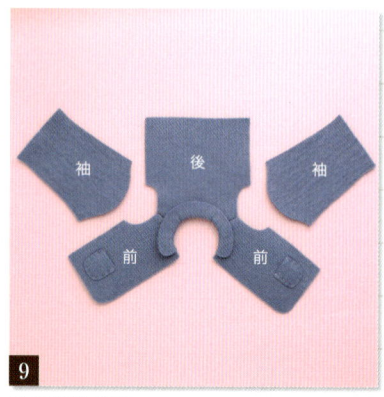

9 袖を付けます。

あきらめずにがんばろう！

10 身頃の肩中心と袖の中心を中表に合わせます。

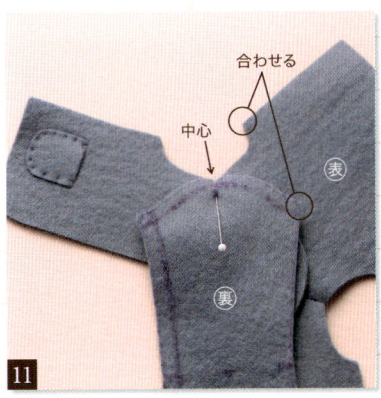

11 中心をマチ針でとめます。

12 身頃の袖ぐりと袖山の端を合わせます。

13 縫い線の上を縫い合わせていきます。

14 中心まできたら反対側の端を合わせます。

15 最後まで縫い合わせます。

16 両袖とも縫い合わせます。

17 縫い代を開いてアイロンでしっかりとプレスします。

18 袖口を折り線から折り上げてプレスします。

縫い目が大きくならないように気をつけて！

19 両袖とも折り上げます。

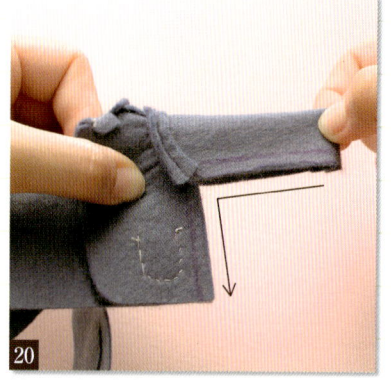

20 袖から脇を中表に合わせます。

21 袖から脇を続けて縫い合わせていきます。

22 縫い終わったところです。

23 反対側も同様に縫い合わせます。切り込み線

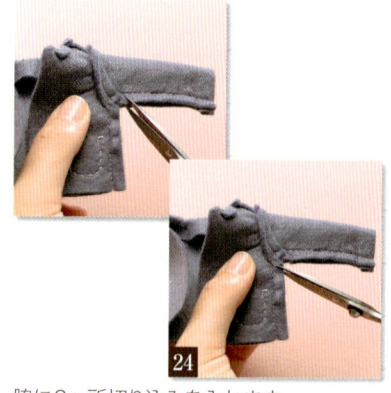

24 脇に2ヶ所切り込みを入れます（型紙参照）。

25 袖を表に返します。

26 細いので指で少しずつ押し出していきます。

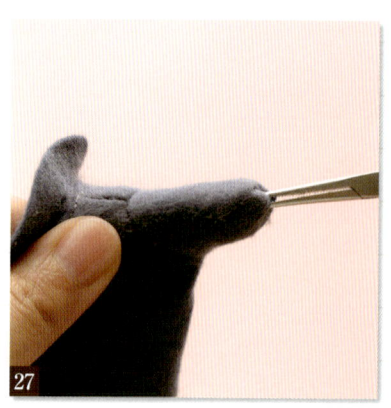

27 途中まで指で返していき、きつくて返せないようなら鉗子を使って少しずつ引き出していきます。

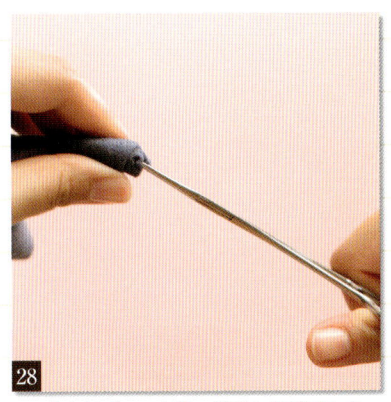

28 フェルトはぎゅっと引っ張ると伸びてしまったりちぎれてしまったりするので力任せに引っ張らないように注意しましょう。

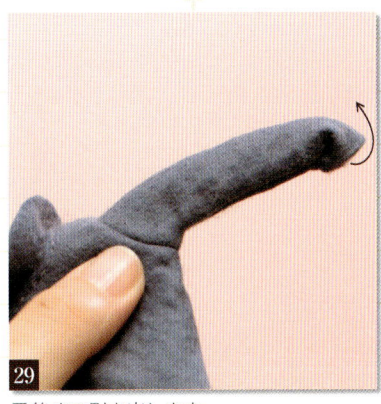

29 最後まで引き出します。

30 袖口は折り返して整えます。

31 表に返ったところです。

32 脇の縫い代を開きアイロンでプレスします。

33 表にアイロンをかけシワやゆがみを整えます。

34 左身頃にボタンを付けます。ビーズと同じ要領で縫い付けます(P80参照)。

35 ボタンホールにボタンを通します。

36 完成です!

ジャケット応用編

[セーラージャケットの作り方] 難易度 ★★★

〈 材料 〉 20cm×20cmのフェルト … 1枚(襟の色を変える場合はもう1枚) ／ 3mmビーズやドール用ボタン … 3個

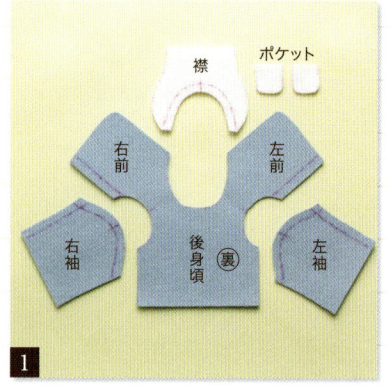

1 身頃や襟に縫い線を書き込みます。襟やポケットにラインを入れる場合、はじめにリボンをライン状に縫い付けておきましょう。

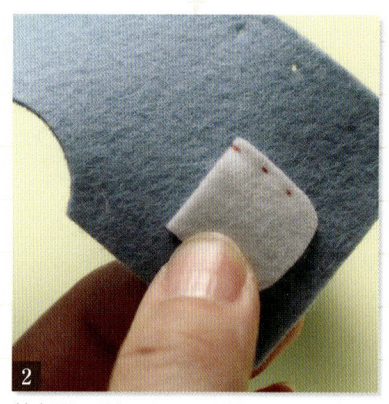

2 前身頃にボタンホールを開けて(P78参照)ポケットを縫い付けます(P47参照)。

3 襟(P75参照)、袖(P69参照)を縫い付けます。

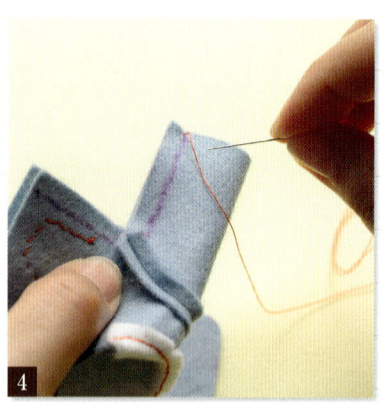

4 袖から脇を中表に縫い合わせます。

5 表に返してアイロンで整えます。

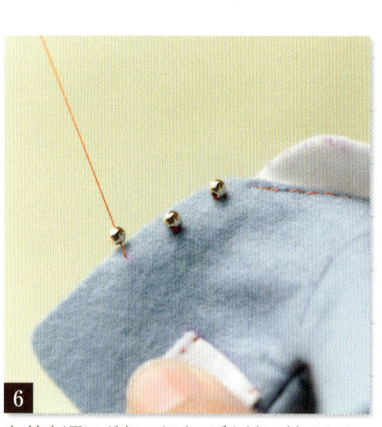

6 左前身頃にボタンやビーズを縫い付けます。

7 完成です!

セーラージャケットはさわやかさんアイテム

[ダッフルコートの作り方] 難易度 ★★★

〈材料〉20cm×20cmのフェルト … 1枚 ／ ループどめ用合皮 … 適量 ／ ループ用コード … 適量 ／ ループ用トグルボタン … 2個 ／ チンストラップ、袖口ベルト用ボタン … 4個

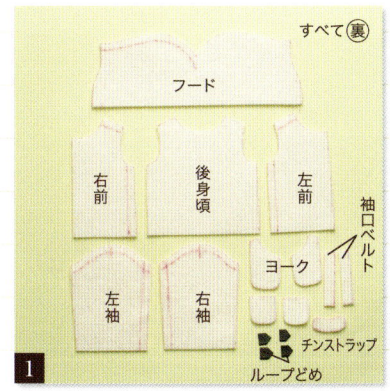

1 身頃、フードに縫い線を書き込みます。ループどめは合皮テープ等をカットして利用します。

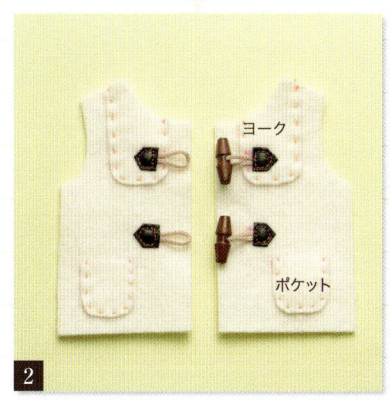

2 身頃にヨーク、ポケットを縫い付け(P47参照)ループどめにループを挟み込み左右それぞれに縫い付けます。

3 ループは前立ての端に合わせると丁度良い長さになります。

4 袖口にベルトを縫い付け、袖、フードを縫い付けます(P77参照)。

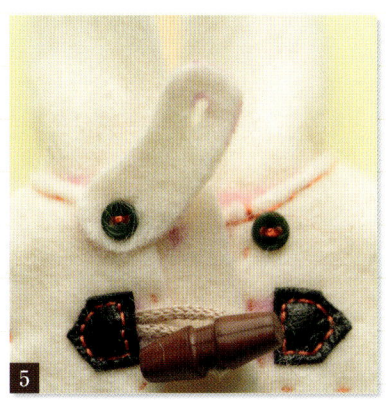

5 チンストラップにボタンホールを開けて(P78参照)襟元にボタンを縫い付けます。

6 ジャケットの作り方を参照して最後まで仕上げます(P68参照)。

7 完成です!

この本の中で一番難しいよ!

[フードマントの作り方] 難易度 ★★★

〈材料〉 20cm×20cmのフェルト … 1枚 ／ モールテープやブレード … 適量 ／ 前立て用ボタン … 3個 ／ チンストラップ、袖口用ボタン … 4個

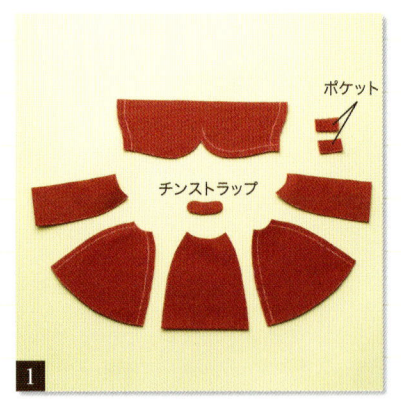

1 身頃、フードに縫い線を書き込みます。チンストラップ、右前身頃にボタンホールを開けておきましょう(P78参照)。

2 フードにモールテープを縫い付け、フードの後中心を中表に縫い合わせます。モールテープは中心部分に糸を巻きつけるように縫い付けましょう。

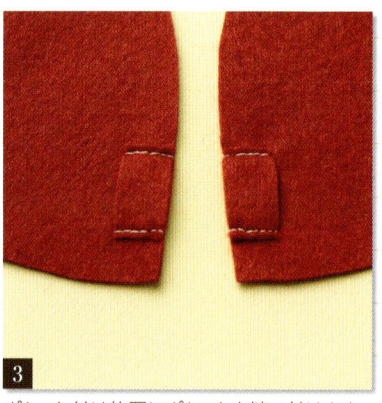

3 ポケット付け位置にポケットを縫い付けます。

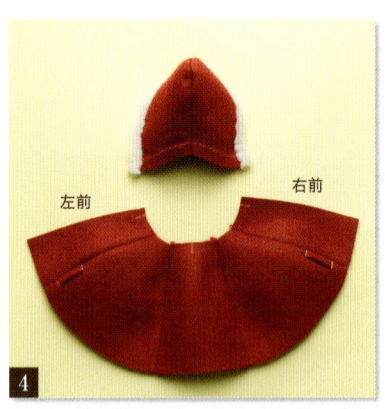

4 後、脇、前身頃をそれぞれ中表に縫い合わせます。

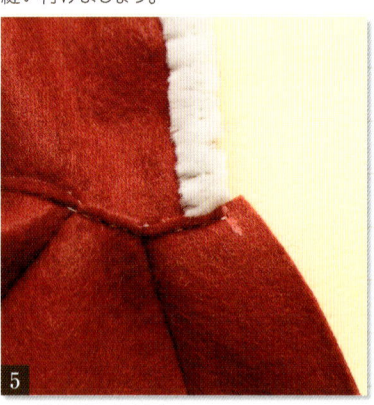

5 フードを縫い付けます(P77参照)。

6 チンストラップ用のボタン、前開き用のボタンをそれぞれ縫い付けます。

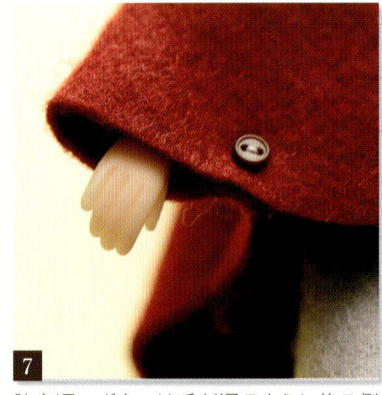

7 脇身頃のボタンは手が通るように後ろ側と一緒に縫い付けます。

8 完成です！

裾にぐるりとブレードをつけてもかわいいよ！

［えりのつけ方］　難易度 ★★☆

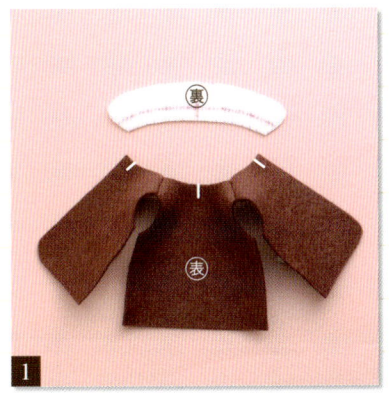

1 身頃に襟付け位置と中心の印、襟に縫い代線と中心の印を書き込みます。

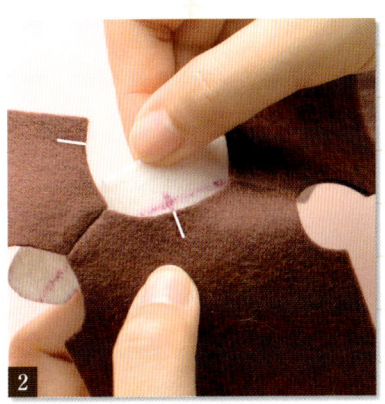

2 身頃と襟の中心線を合わせます。

3 中心がずれないようにマチ針でとめます。

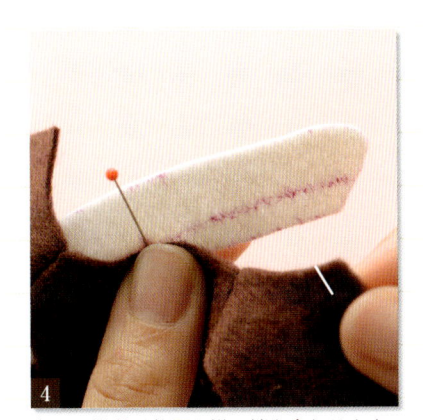

4 身頃の襟付け位置と襟の端を合わせます。

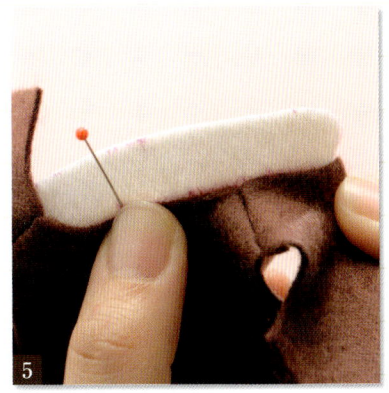

5 襟の縫い代線に身頃の襟ぐりが沿う様に合わせます。

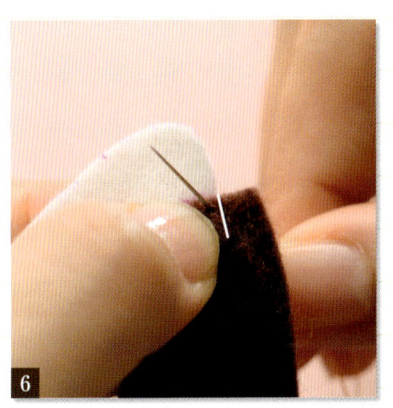

6 縫い始めは襟の端から3mm先に針を刺します。

7 2重に糸を渡してしっかりと縫いとめます。

8 本返し縫いでしっかりと縫い合わせていきます。

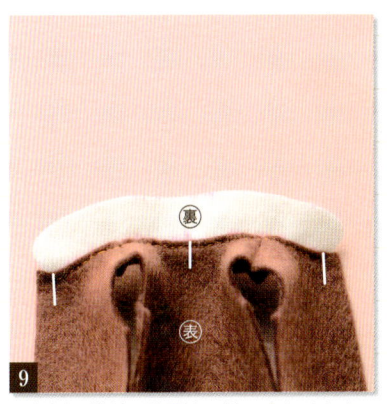

9 反対側の襟付け位置まで縫い合わせます。

10 縫い終わりました。裏から見たところです。

11 襟の縫い代に切り込みを入れます(型紙参照)。

12 襟が付いたところです。

13 襟を寝かせます。

14 アイロンでしっかりとプレスします。

15 裏からもアイロンをあてます。

16 襟付け完成です!

どんな形の襟でも付け方は一緒だよ!

［フードのつけ方］ 難易度 ★★☆

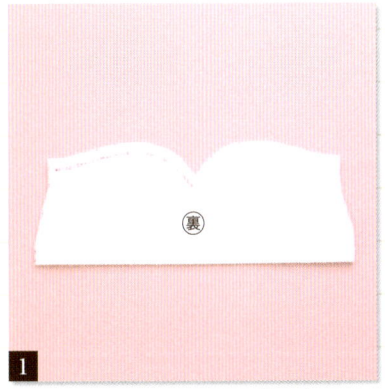

1 裏側にフード後中心の縫い線を書き込みます。

2 表側に襟ぐりの縫い代線を書き込みます。

3 フードの後中心を中表に合わせます。

4 縫い線の上を縫い合わせていきます。

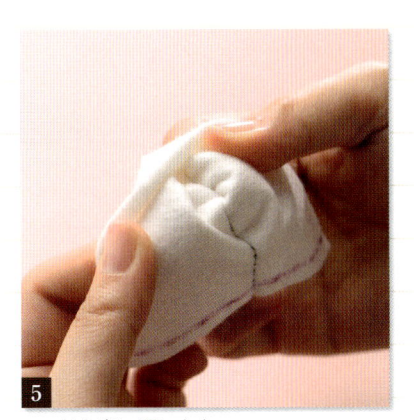

5 フードを表に返します。

6 縫い代を開きプレスします。

7 身頃に中心とフード付け位置の印を付けます。

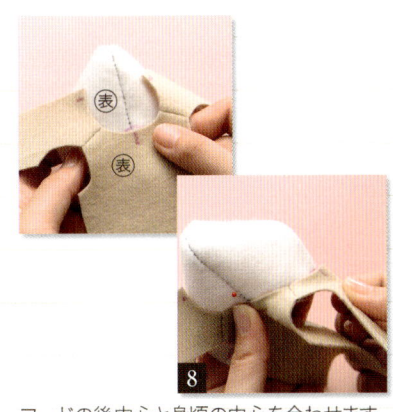

8 フードの後中心と身頃の中心を合わせます。襟付けと同じ要領で縫い付けていきます（P75参照）。

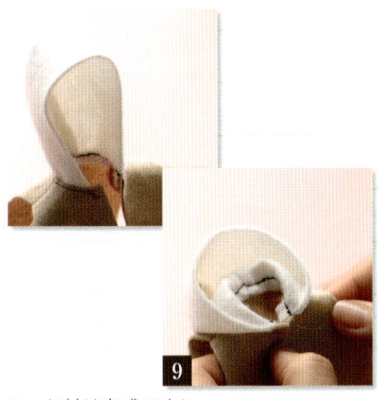

9 フード付け完成です！

[ボタンホールのあけ方] 難易度 ★☆☆

1 ボタンホールの印がある型紙を用意します。

2 裁断したフェルトのパーツに型紙を重ねてボタンホールの印の上(向かって左端)から目打ちで穴をあけます。

3 そのまま穴を貫通させるのでアイロン台等、下の柔らかい台の上で作業すると良いでしょう。

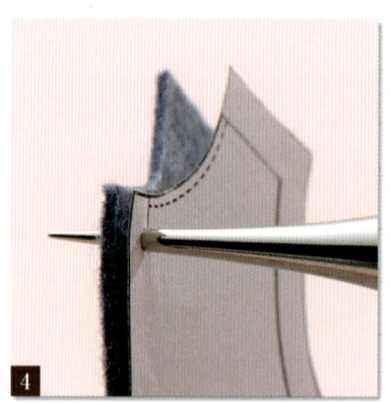

4 フェルトまで目打ちで貫通させます。

5 目打ちであけた穴に、はさみで少しだけ切り込みを入れます。

※使用するボタンに対してボタンホールは小さめにしておきます。はじめてボタンを通す時はきつく感じますが、穴はだんだんと広がっていくのではじめは小さめで大丈夫です。

「フェルトは穴を開けるだけでボタンホールができるのだ!」

「それがフェルトの楽しいところ!」

ジャケット一覧

基本のジャケットをアレンジしてできるアイテム一覧です。

22cm

- ジャケット ▶▶▶ P.99
- セーラージャケット ▶▶▶ P.113
- ダッフルコート ▶▶▶ P.115
- フードマント ▶▶▶ P.117

20cm

- ジャケット ▶▶▶ P.131
- セーラージャケット ▶▶▶ P.141
- ダッフルコート ▶▶▶ P.143
- フードマント ▶▶▶ P.145
- フードマント ▶▶▶ P.117

※ P.00 は型紙掲載ページ

22cmのフードマントは27cmのドールにも着せる事ができるよ！

第六章 小物

小物をプラスすることでさらにコーディネイトは広がります。
服を作った切れ端でどんどん作ってみましょう。

[バブーシュカの作り方]

難易度 ★☆☆　〈材料〉20cm×20cmのフェルト … 1枚 ／ 3mmビーズ … 1個

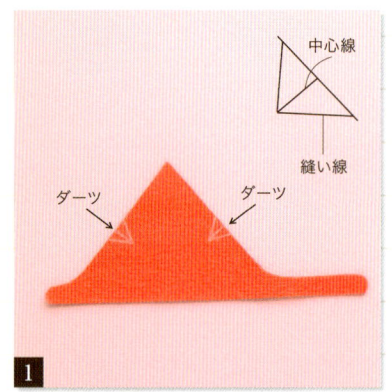

1 ダーツの印を書き込んでおきます。

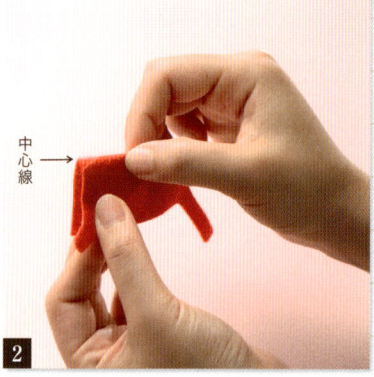

2 ダーツを中心線から二つに折ります。

3 ダーツの縫い線の上を縫い合わせていきます。

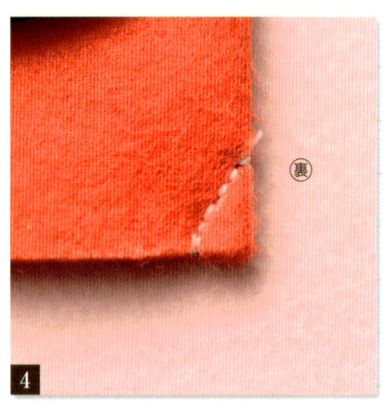

4 始めと終わりの糸が緩まないようにしっかりと縫い合わせます。

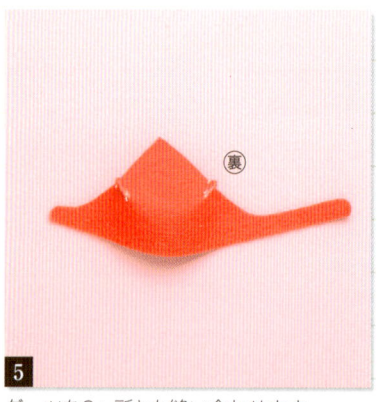

5 ダーツを2ヶ所とも縫い合わせます。

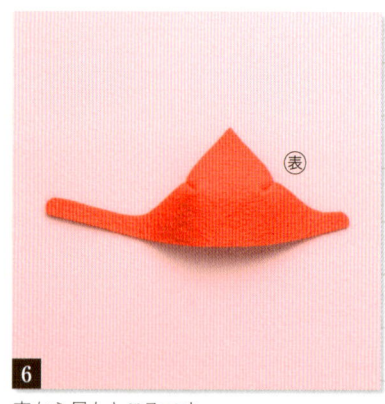

6 表から見たところです。

7 あごひもの先にボタンホールを開けます（P78参照）。

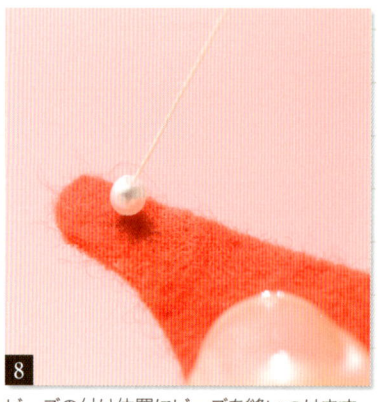

8 ビーズの付け位置にビーズを縫いつけます。

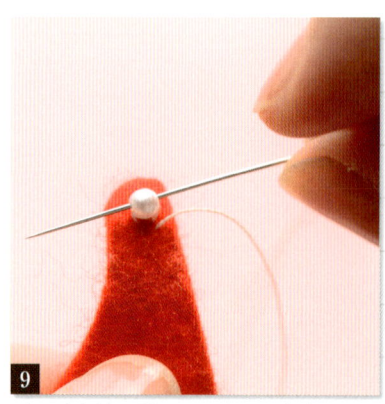

9 ビーズを縫い付けるときは2度糸を通します。

10 ビーズの横から糸を出します。

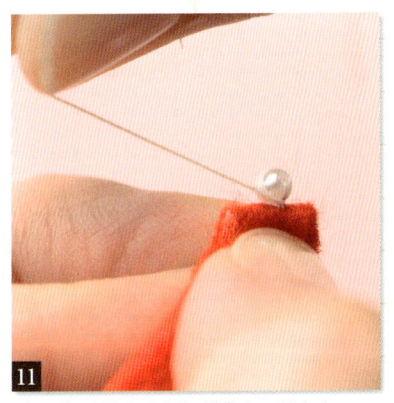

11 ビーズの周りに2周ほど巻きつけます。

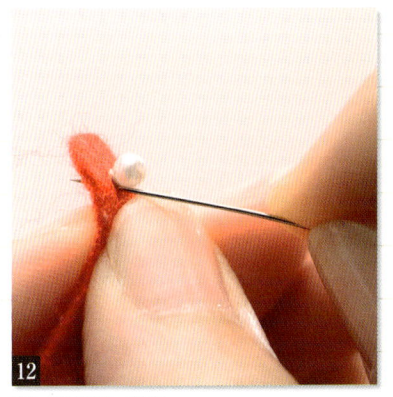

12 下に糸を戻します。

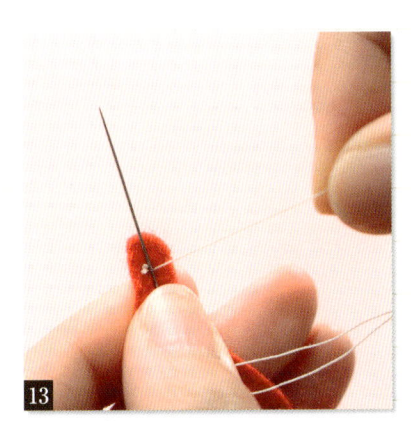

13 玉どめを作ります。

ワンピースの布を使っておそろいで作ってみよう！

14 ボタンホールにビーズをとめます。

15 完成です！

[ヘッドドレスの作り方] 難易度 ★☆☆

〈 材料 〉 フェルト … 1枚 ／ サテンリボン … 適量 ／ レースやブレード等、縁を飾る物 … 適量

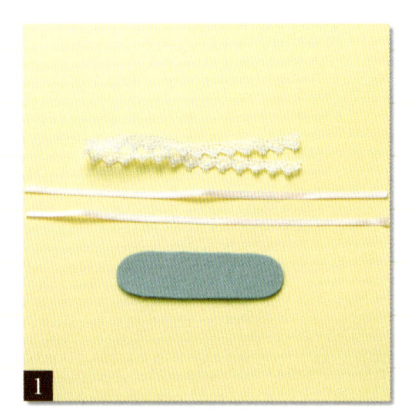

1 フェルトを裁断します。

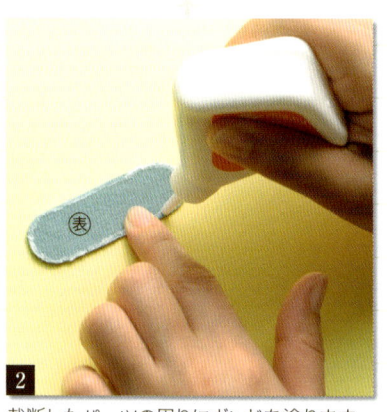

2 裁断したパーツの周りにボンドを塗ります。

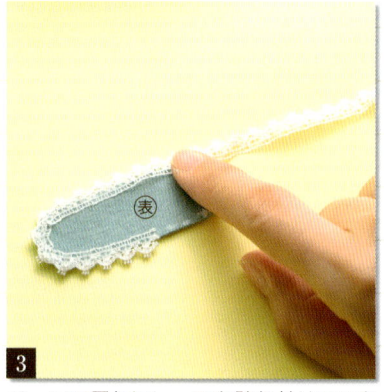

3 パーツの周りにレースを貼り付けていきます。カーブは少し貼り付けづらいですが少しずつカーブに沿わせていきます。ブレード等のボンドで貼り付けづらい物は糸で縫い付けます。

4 両端の裏側にサテンリボンを縫い付けます。

5 **4**の作業と同時に表側にはリボン結びにしたサテンリボンを縫い付けます。(サテンリボンの端はボンドやピケ等でほつれどめをしておきましょう)

6 完成です。

大きいサイズも作り方は同じだよ！

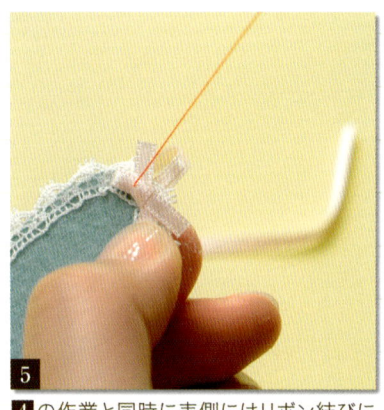

［ベレー帽の作り方］ 難易度 ★☆☆

〈材料〉 20cm×20cmのフェルト … 1枚（ブライス用は2枚）

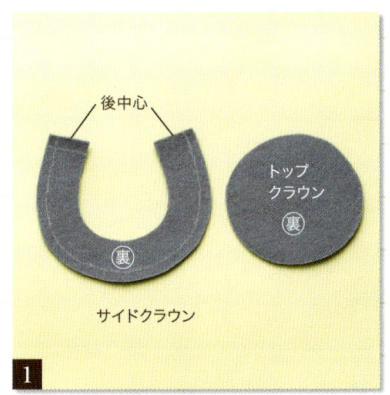

1 サイドクラウンに縫い線を書き込みます。

2 サイドクラウンの後中心を中表に縫い合わせます。

3 トップクラウンとサイドクラウンを中表に合わせます。

4 周りをぐるりと縫い合わせます。

5 縫い代に写真のように切り込みを入れます。
※大きいサイズの帽子も同様にします。

6 表に返して完成です！

トップにポンポンをつけたりワッペンやリボンで飾るとかわいいよ！

[ショルダーバッグの作り方] 難易度 ★★☆

〈材料〉 20cm×20cmのフェルト … 1枚 ／ ミニバックル … 1個

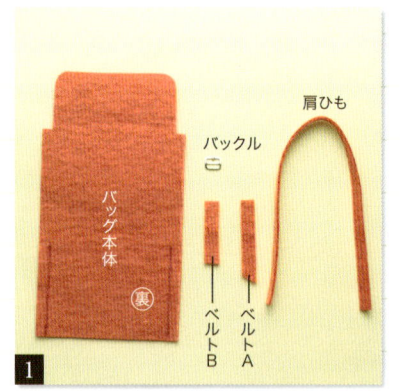

1 バッグに縫い線を書き込んでおきます。

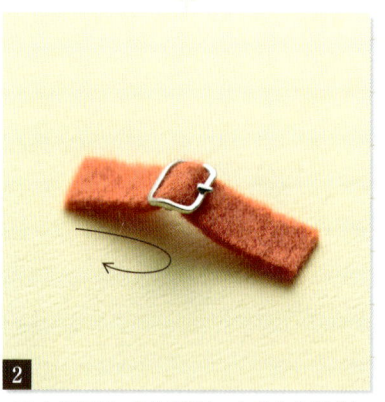

2 ベルトBにバックルを通し、中心から半分に折ります。

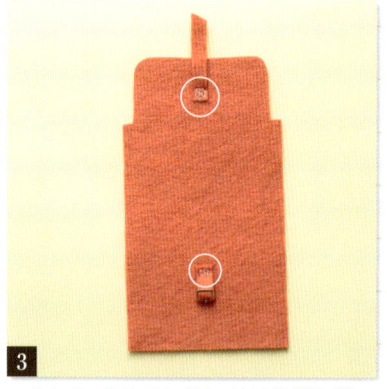

3 ベルトA、Bをそれぞれ付け位置に縫い付けます（型紙参照）。

4 バッグ本体の両脇を縫い合わせます。

5 底マチを縫い合わせ、表に返します。

合皮やスエード生地でも同じように作れるよ！

6 人形に合わせて肩ひもの長さを決め、肩ひもを縫い付けます。

7 完成です！

[チェーンポシェットの作り方] 難易度 ★☆☆

〈材料〉 20cm×20cmのフェルト … 1枚 ／ チェーン … 適量 ／ 3mmビーズ … 1個

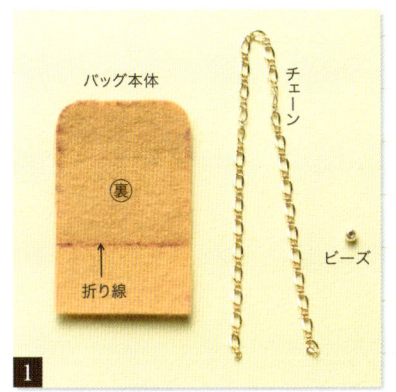

1 バッグに折り線を書き込んでおきます。

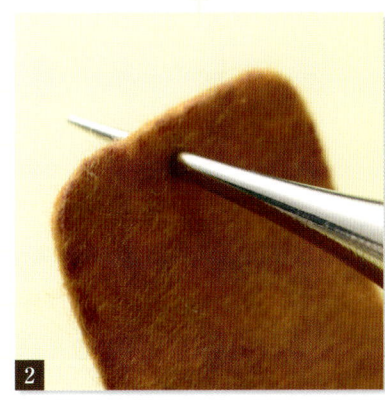

2 バッグのふた部分にビーズ用の穴をあけます。

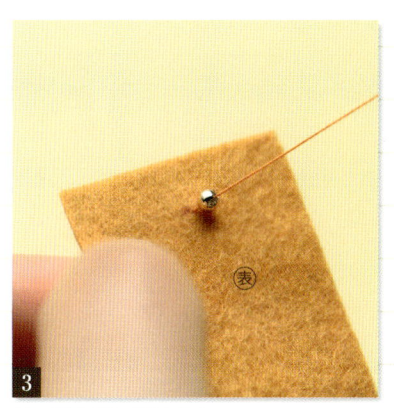

3 ビーズを縫い付けます。

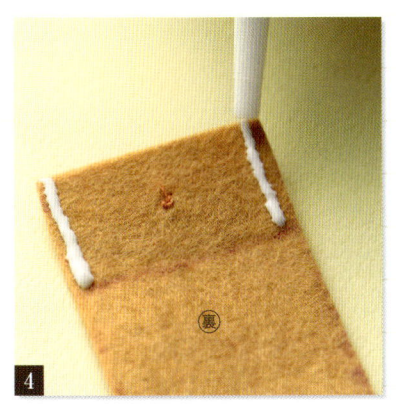

4 両脇をボンドで貼り合せます。

5 手でしばらく押さえます。

6 人形に合わせてチェーンの長さを決め、脇に縫い付けます。

7 完成です！

いろんな色で作ってみよう！

[トートバッグの作り方] 難易度 ★★☆

〈材料〉 20cm×20cmのフェルト … 2枚 / 持ち手用のリボン … 12cmにカットしたもの2本 / ホットフィット … 1個

1 バッグA、Bに縫い線を書き込んでおきます。

2 バッグAの表に持ち手位置を書き込み、中央にホットフィットを付けます。

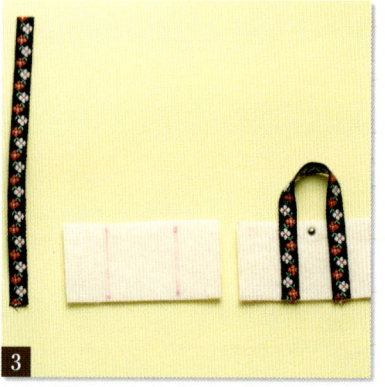

3 持ち手用のリボンをボンドで貼り付けます。

4 バッグA、Bを縫い合わせます。

5 半分に折り、両脇を縫い合わせます。

6 底マチを縫い合わせます。

7 表に返して完成です！

色やリボンの組み合わせを楽しんで！

［くつしたの作り方］ 難易度 ★☆☆

※くつしたはフェルト生地ではなくニット生地を使用します。
※三つ折りソックスの作り方はP60参照

〈材料〉 天竺等のニット生地 … Sサイズ7cm×10cm　Mサイズ10cm×10cm　Lサイズ13cm×10cm

1 ニット生地を裁断し、縫い線を書き込みます。

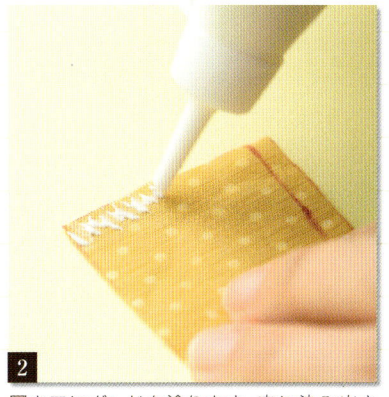

2 履き口にボンドを塗ります。表に染み出さないように塗りすぎに注意しましょう。

3 二つ折りにして履き口を貼り付けます。

4 後中心を中表に合わせて本返し縫いで縫い合わせていきます。フェルトより細かい目を意識して縫い合わせていきましょう。

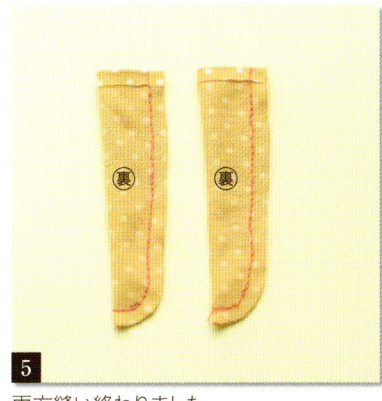

5 両方縫い終わりました。

6 履き口から表に返していきます。はじめは指で少しずつ返していきます。

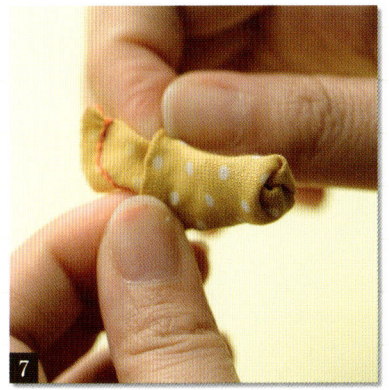

7 靴下の先が見えなくなるくらいまで指で返します。

8 目打ち等を使って靴下の先を出します。最後までしっかりと返します。
※目打ちは細長い棒状のもので代用できます。

9 両方返して完成です。

小物一覧
小物をアレンジしてできるアイテム一覧です。

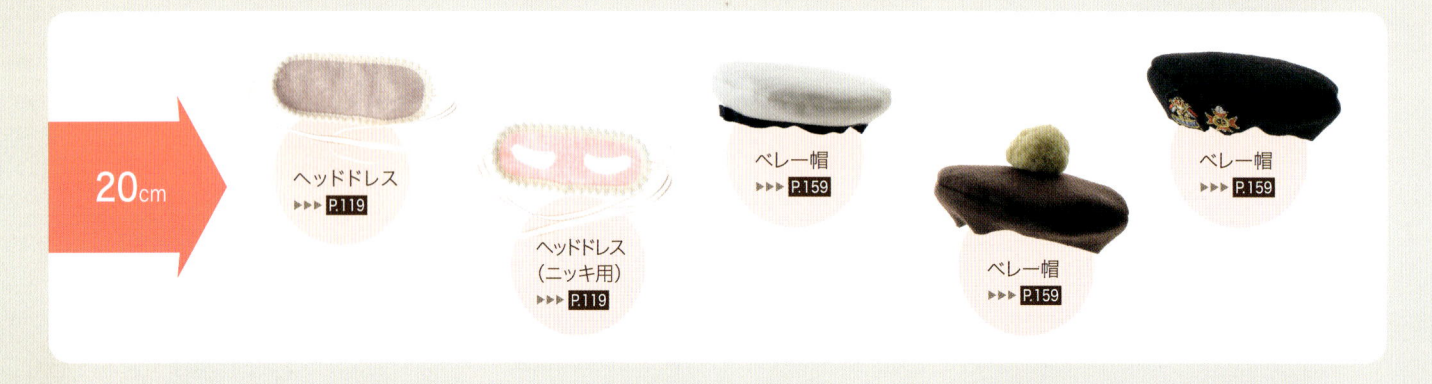

22cm
- バブーシュカ ▶▶▶ P.91
- バブーシュカ ▶▶▶ P.91
- ヘッドドレス ▶▶▶ P.103
- ベレー帽 ▶▶▶ P.157
- ベレー帽 ▶▶▶ P.157
- ベレー帽 ▶▶▶ P.157

20cm
- ヘッドドレス ▶▶▶ P.119
- ヘッドドレス（ニッキ用）▶▶▶ P.119
- ベレー帽 ▶▶▶ P.159
- ベレー帽 ▶▶▶ P.159
- ベレー帽 ▶▶▶ P.159

ブライス用
- ベレー帽 ▶▶▶ P.161
- ベレー帽 ▶▶▶ P.161

- くつした ▶▶▶ P.167

全サイズ共通
- ショルダーバッグ ▶▶▶ P.165
- チェーンポシェット ▶▶▶ P.165
- トートバッグ ▶▶▶ P.165

※ P.00 は型紙掲載ページ

型紙ページ

ALL 100%

基本のワンピース 難易度★☆☆

基本のワンピースの作り方 ▶▶▶ **P38**
バブーシュカの作り方 ▶▶▶ **P80**

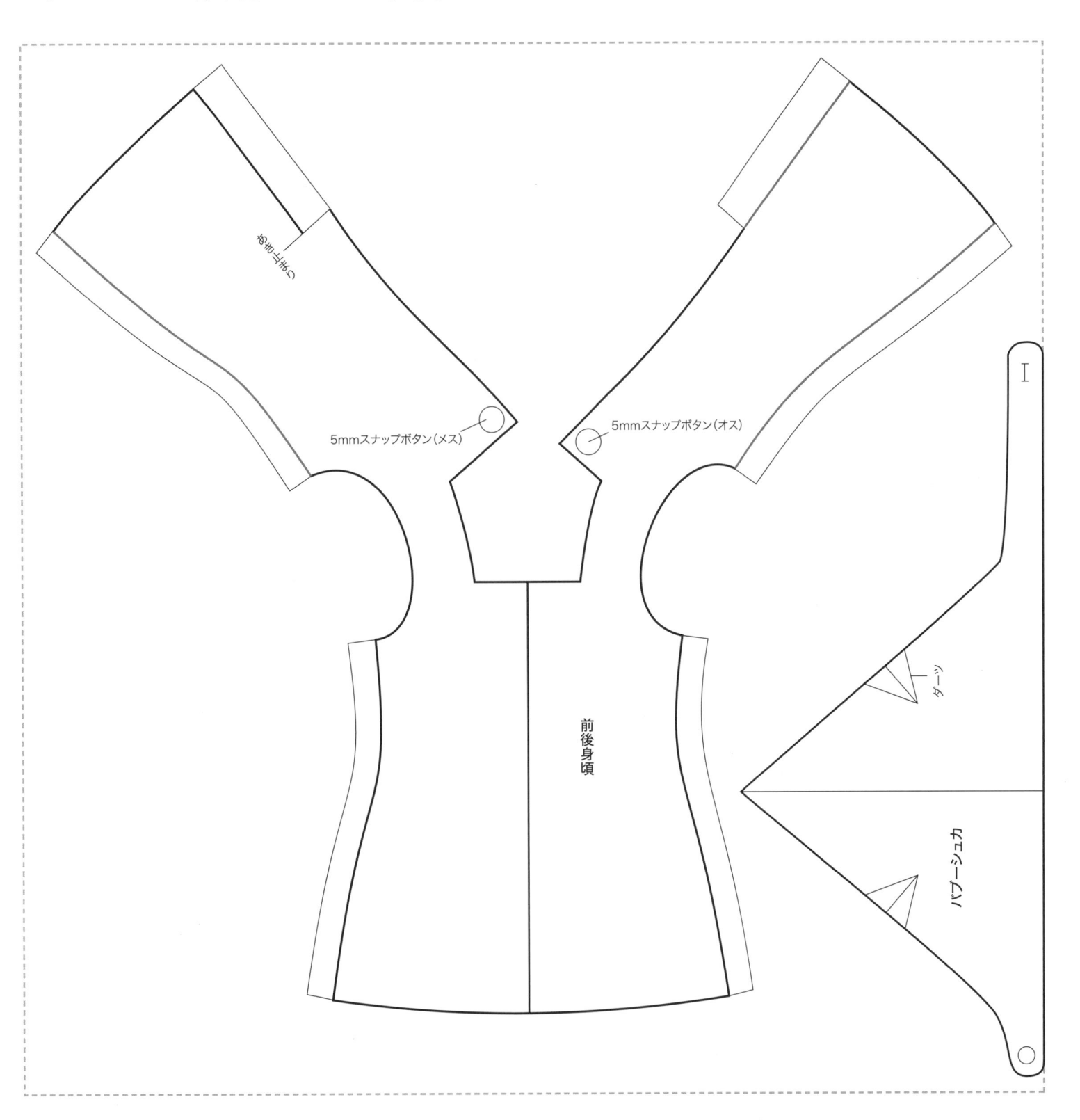

22cm
ドール用
型紙

5mmスナップボタン（メス）　5mmスナップボタン（オス）

袖付け止まり

前後身頃

ダーツ

バブーシュカ

基本のスカート＆ブラウス 難易度★☆☆

基本のスカートの作り方 ▶▶▶ P50
ブラウスの作り方 ▶▶▶ P44

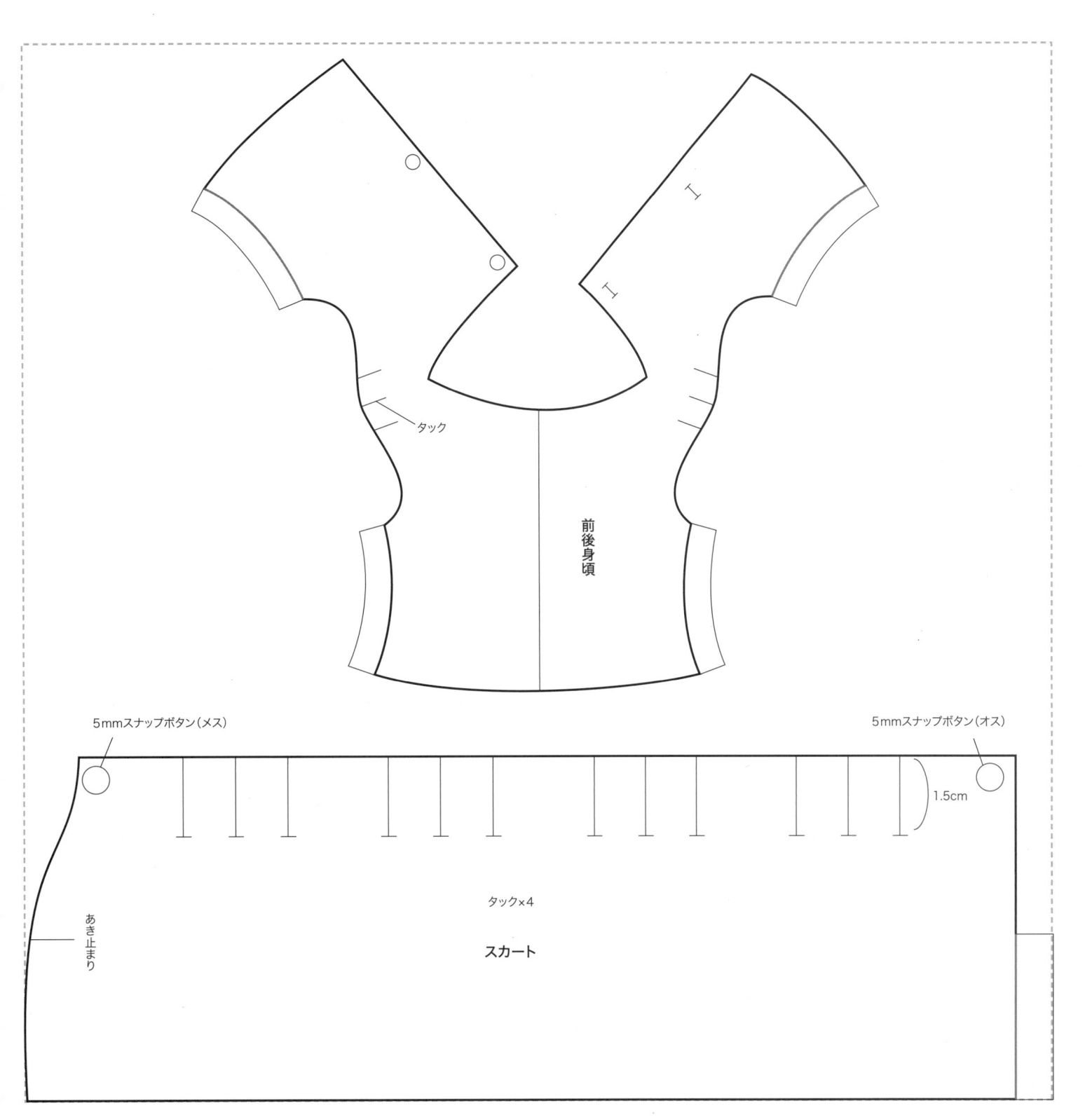

22cm
ドール用
型紙

タック

前後身頃

5mmスナップボタン(メス)　　　　5mmスナップボタン(オス)

1.5cm

あき止まり

タック×4
スカート

基本のパンツ 難易度★★☆

基本のパンツの作り方 ▶▶▶ P56

22cm ドール用 型紙

アイロンをしっかり使うのがポイントだよ!

5mmスナップボタン(メス)

後　前

あき止まり

左パンツ

折り線

5mmスナップボタン(オス)

前　後

右パンツ

折り線

基本のオールインワン 難易度★★☆

基本のオールインワンの作り方 ▶▶▶ P62

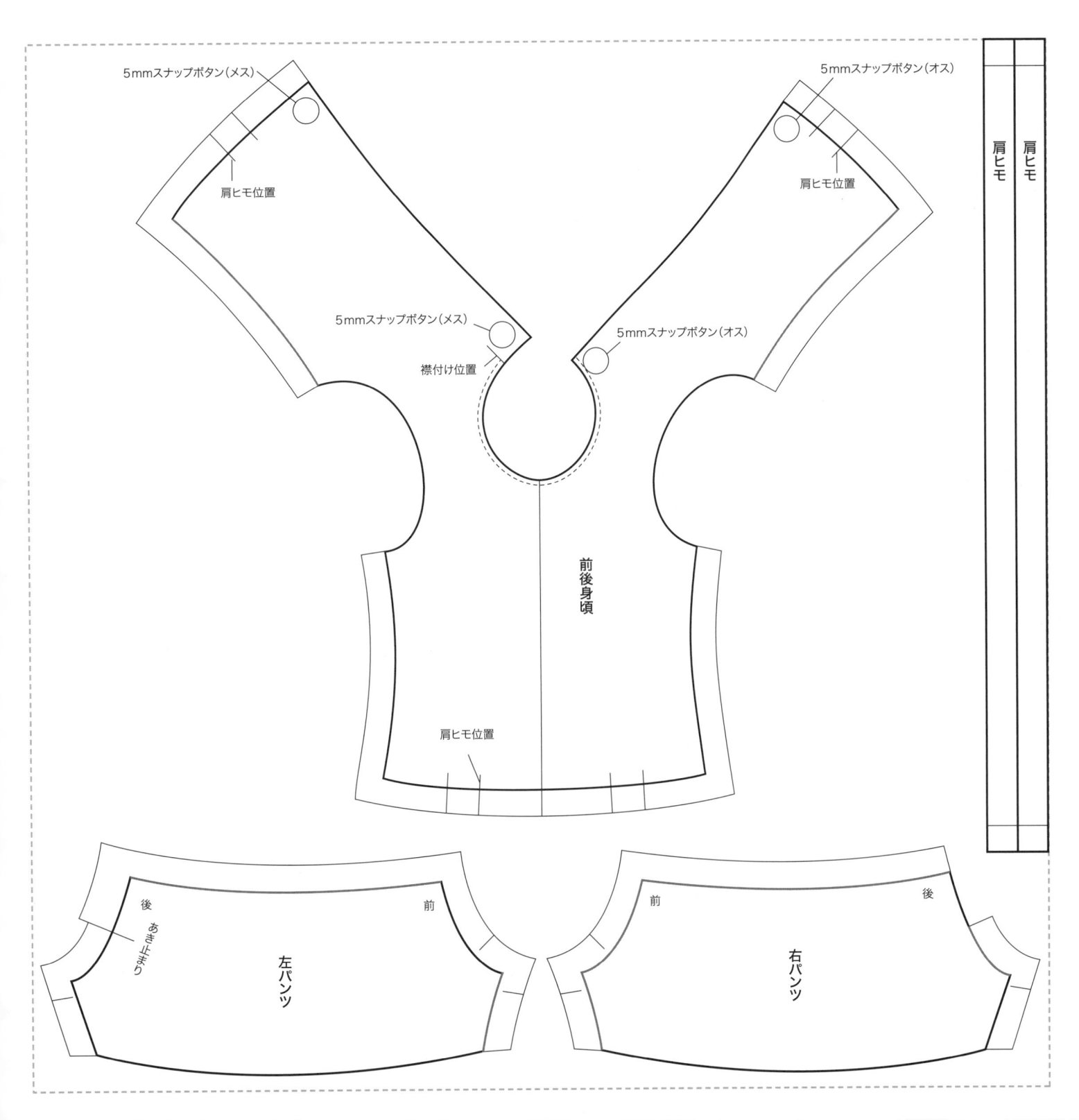

22cm ドール用 型紙

5mmスナップボタン(メス) 5mmスナップボタン(オス)
肩ヒモ位置
5mmスナップボタン(メス) 5mmスナップボタン(オス)
襟付け位置
前後身頃
肩ヒモ位置

肩ヒモ 肩ヒモ

後 あき止まり 前 前 後
左パンツ 右パンツ

基本のジャケット 難易度 ★★★

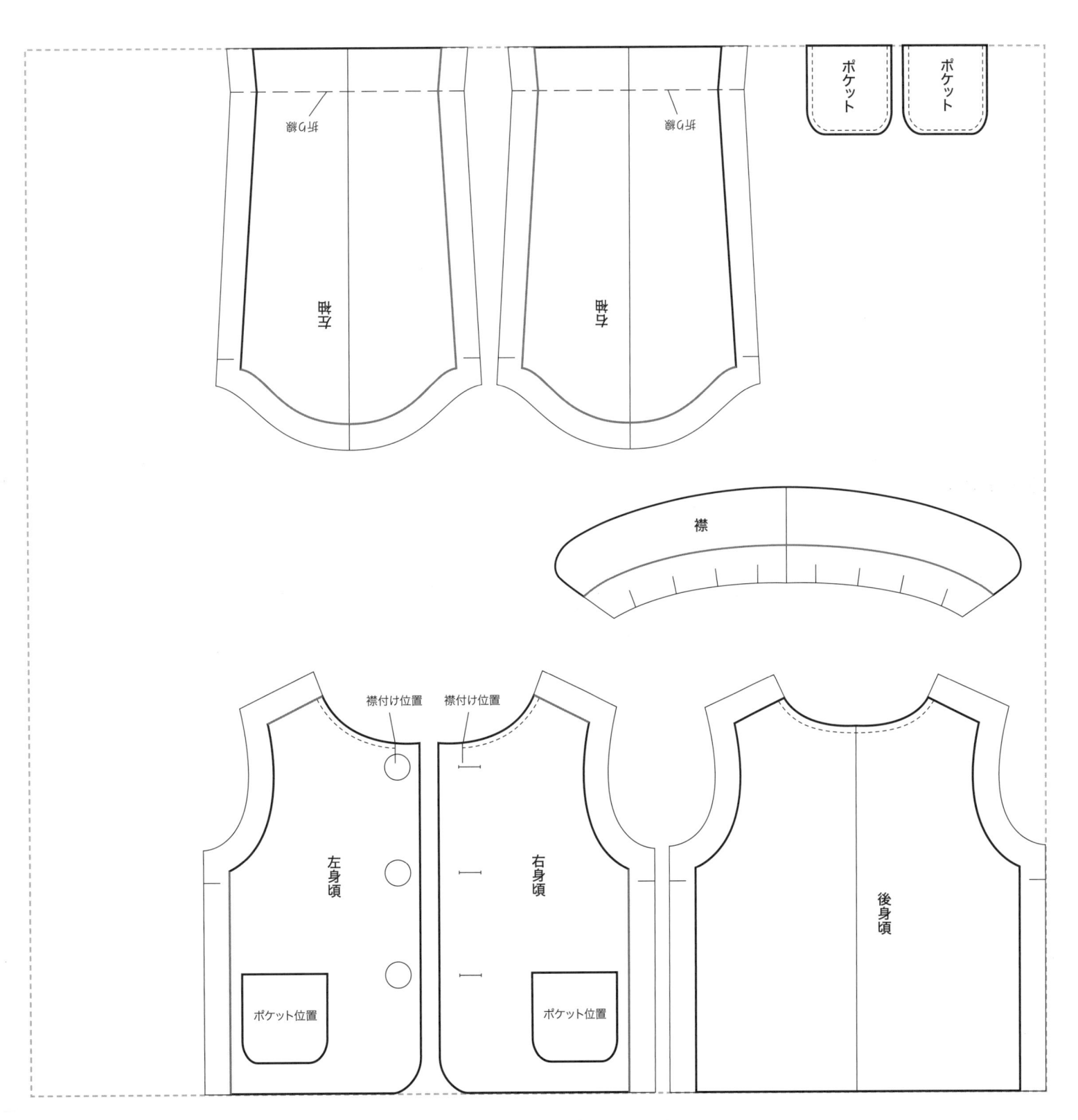

基本のジャケットの作り方 ▶▶▶ **P68**

22cm
ドール用
型紙

袖 / 袖

折り線 / 折り線

ポケット / ポケット

襟

襟付け位置 / 襟付け位置

左身頃 / 右身頃 / 後身頃

ポケット位置 / ポケット位置

ヨークつきワンピース 難易度★★☆

ヨークつきワンピースの作り方 ▶▶▶ P42

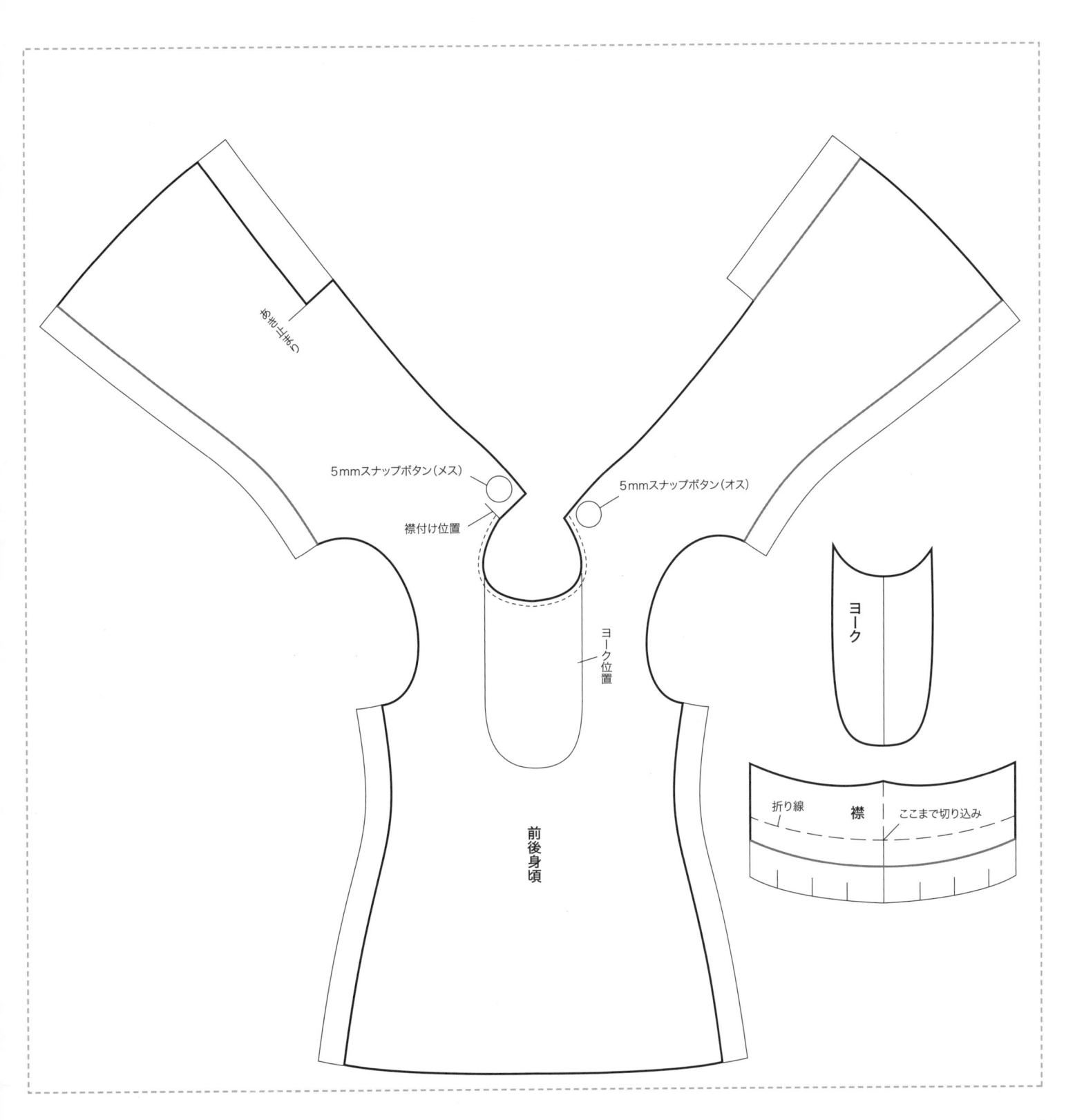

22cm ドール用型紙

- 5mmスナップボタン（メス）
- 5mmスナップボタン（オス）
- 襟付け位置
- ヨーク位置
- 前後身頃
- ヨーク
- 折り線
- 襟
- ここまで切り込み
- 袖口止まり

セーラーワンピース＆ヘッドドレス 難易度★★☆

セーラーワンピースの作り方 ▶▶▶ **P43**
ヘッドドレスの作り方 ▶▶▶ **P82**

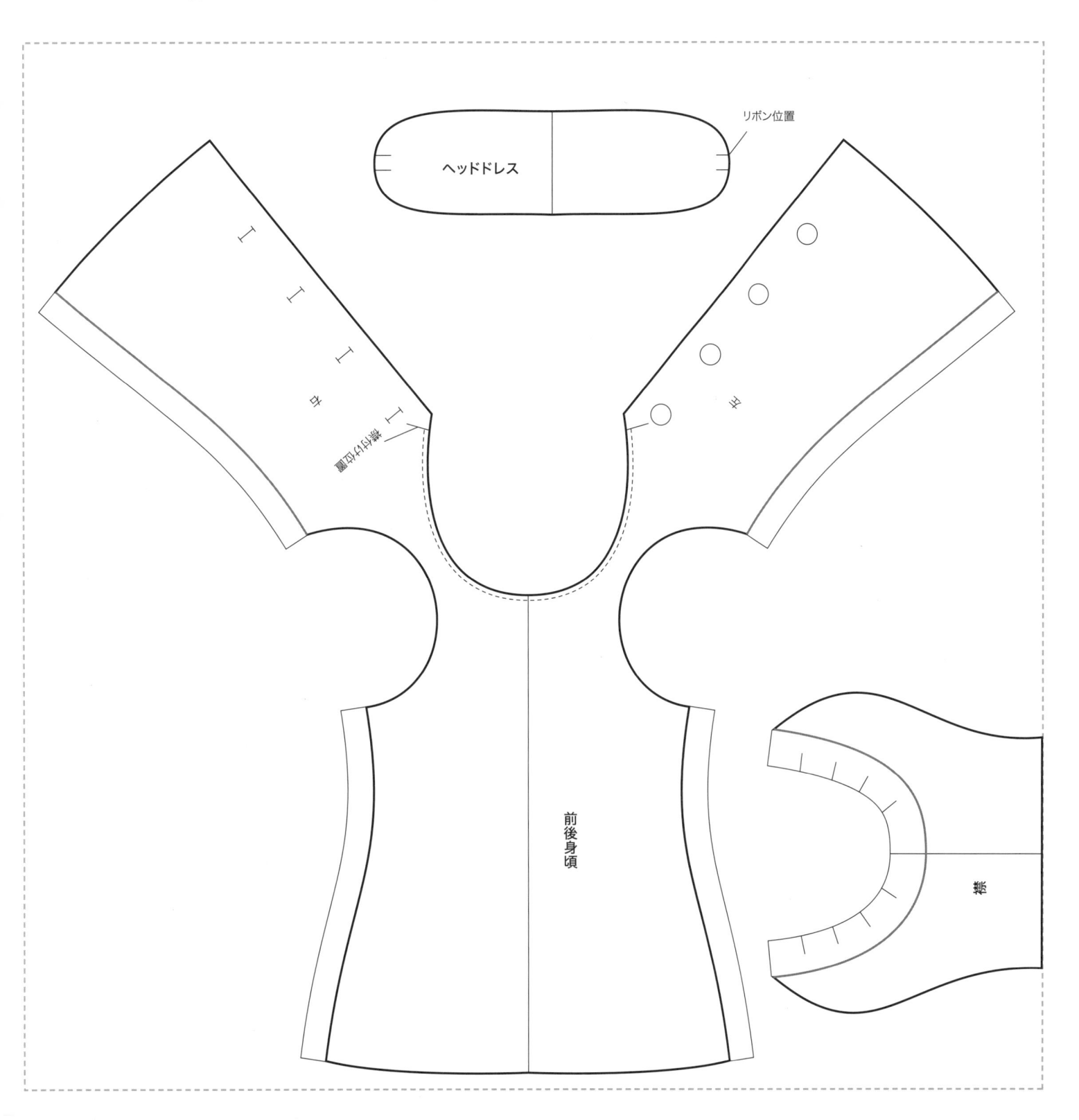

22cm
ドール用
型紙

リボン位置

ヘッドドレス

前後身頃

えりつきブラウス 難易度★★☆

えりつきブラウスの作り方 ▶▶▶ P45

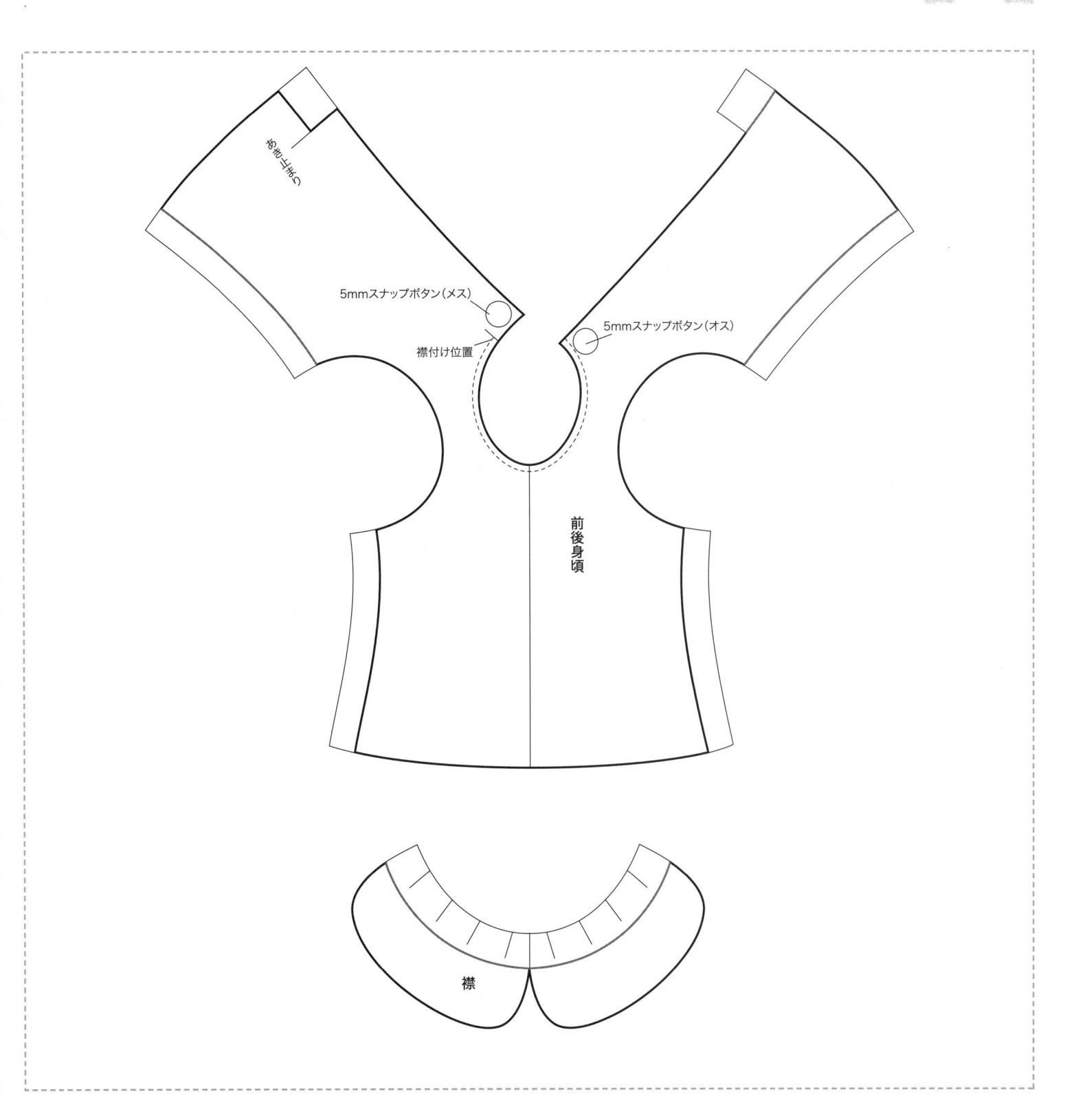

22cm
ドール用
型紙

5mmスナップボタン（メス）
5mmスナップボタン（オス）
襟付け位置
前後身頃
襟

ロングパンツ 難易度★★☆

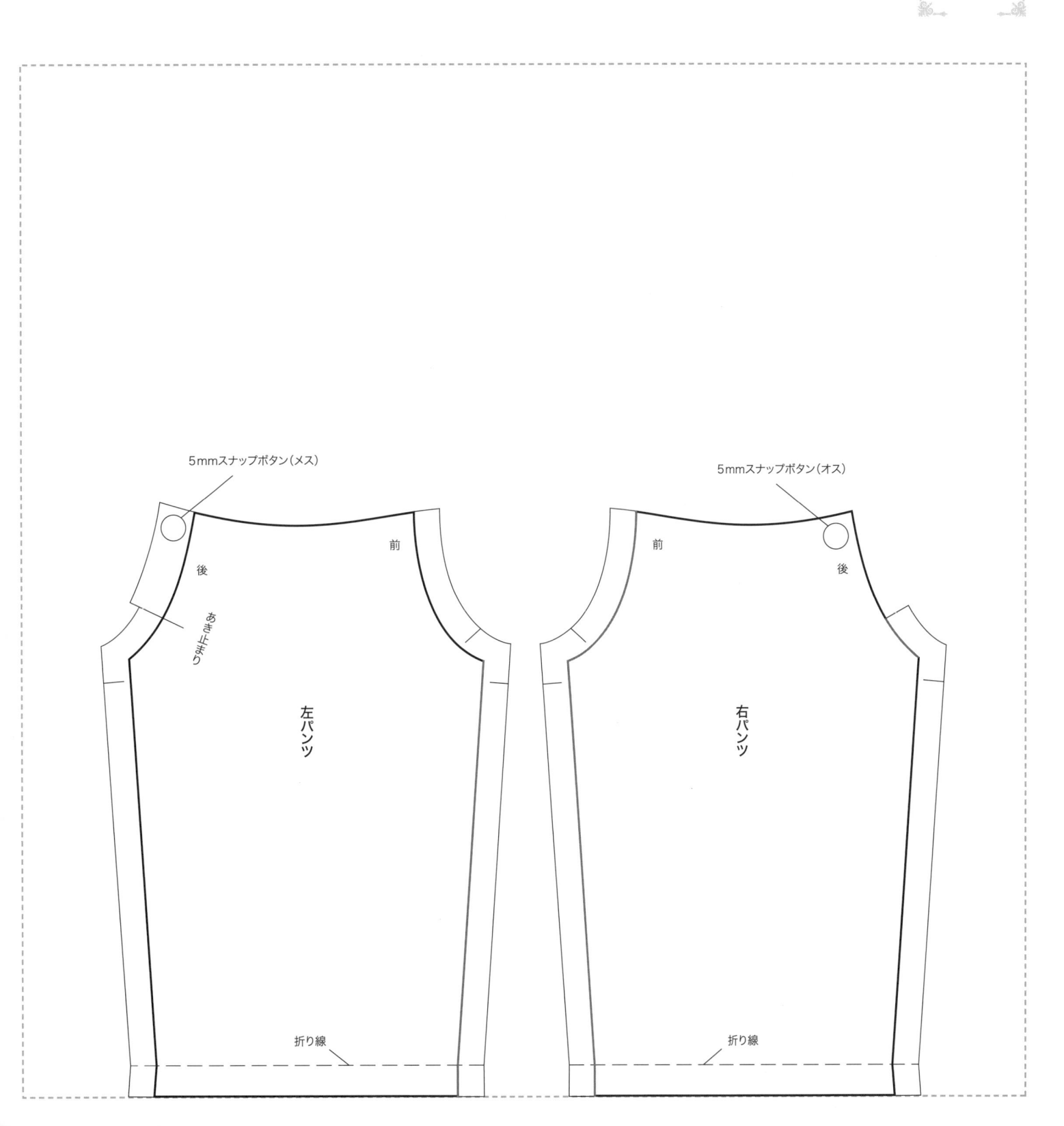

ロングパンツの作り方 ▶▶▶ P56

22cm ドール用 型紙

5mmスナップボタン（メス） / 5mmスナップボタン（オス）

後 / 前 / 前 / 後

あき止まり

左パンツ / 右パンツ

折り線 / 折り線

ショートパンツ 難易度★★☆

ショートパンツの作り方 ▶▶▶ P56

22cm
ドール用
型紙

リボンや革ひもでベルトを付けてもかわいいよ！

5mmスナップボタン（メス）　　　　　　　　　5mmスナップボタン（オス）

後　　　前　　　　　　　前　　　後

左パンツ　　　　　　　　　　右パンツ

あきどまり

キャミソール&タップパンツ 難易度★★☆

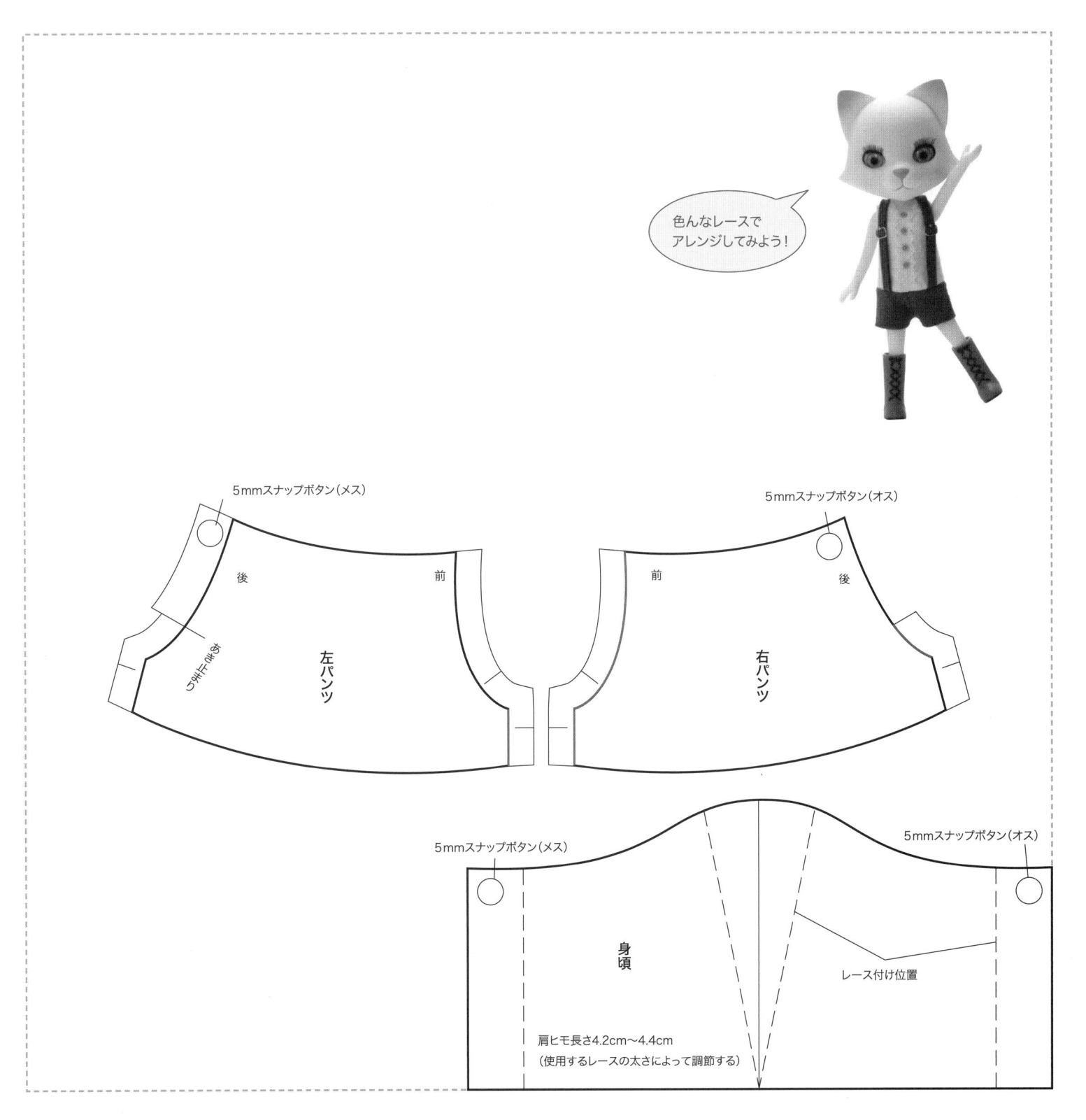

キャミソール＆タップパンツの作り方 ▶▶▶ **P65**

22cm
ドール用
型紙

色んなレースで
アレンジしてみよう！

5mmスナップボタン（メス）　　　　　5mmスナップボタン（オス）

後　　　前　　　前　　　後

左パンツ　　　右パンツ

5mmスナップボタン（メス）　　　　　5mmスナップボタン（オス）

身頃

レース付け位置

肩ヒモ長さ4.2cm～4.4cm
（使用するレースの太さによって調節する）

セーラージャケット 難易度★★★

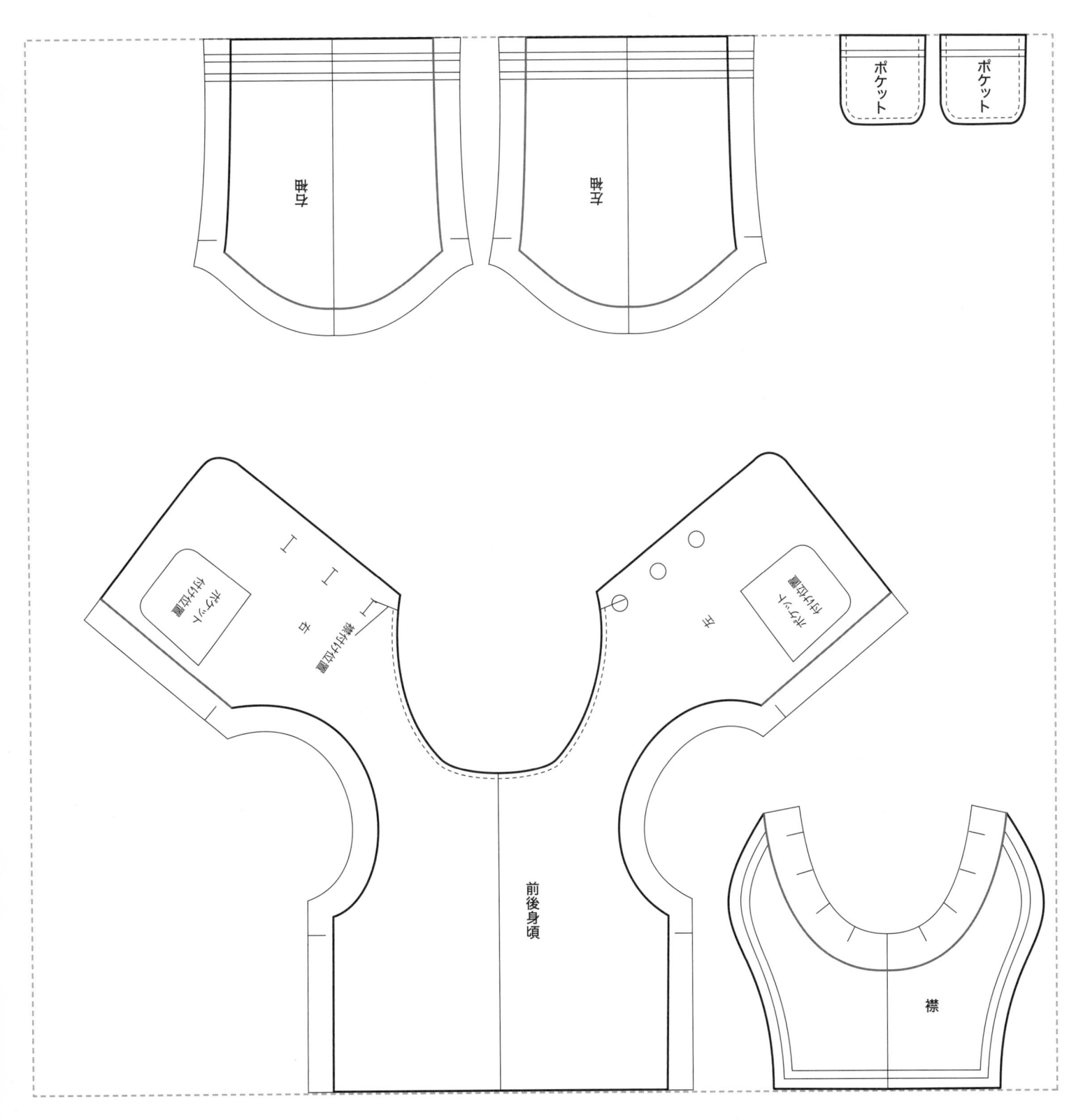

セーラージャケットの作り方 ▶▶▶ P72

22cm ドール用型紙

ダッフルコート 難易度★★★

ダッフルコートの作り方 ▶▶▶ P73

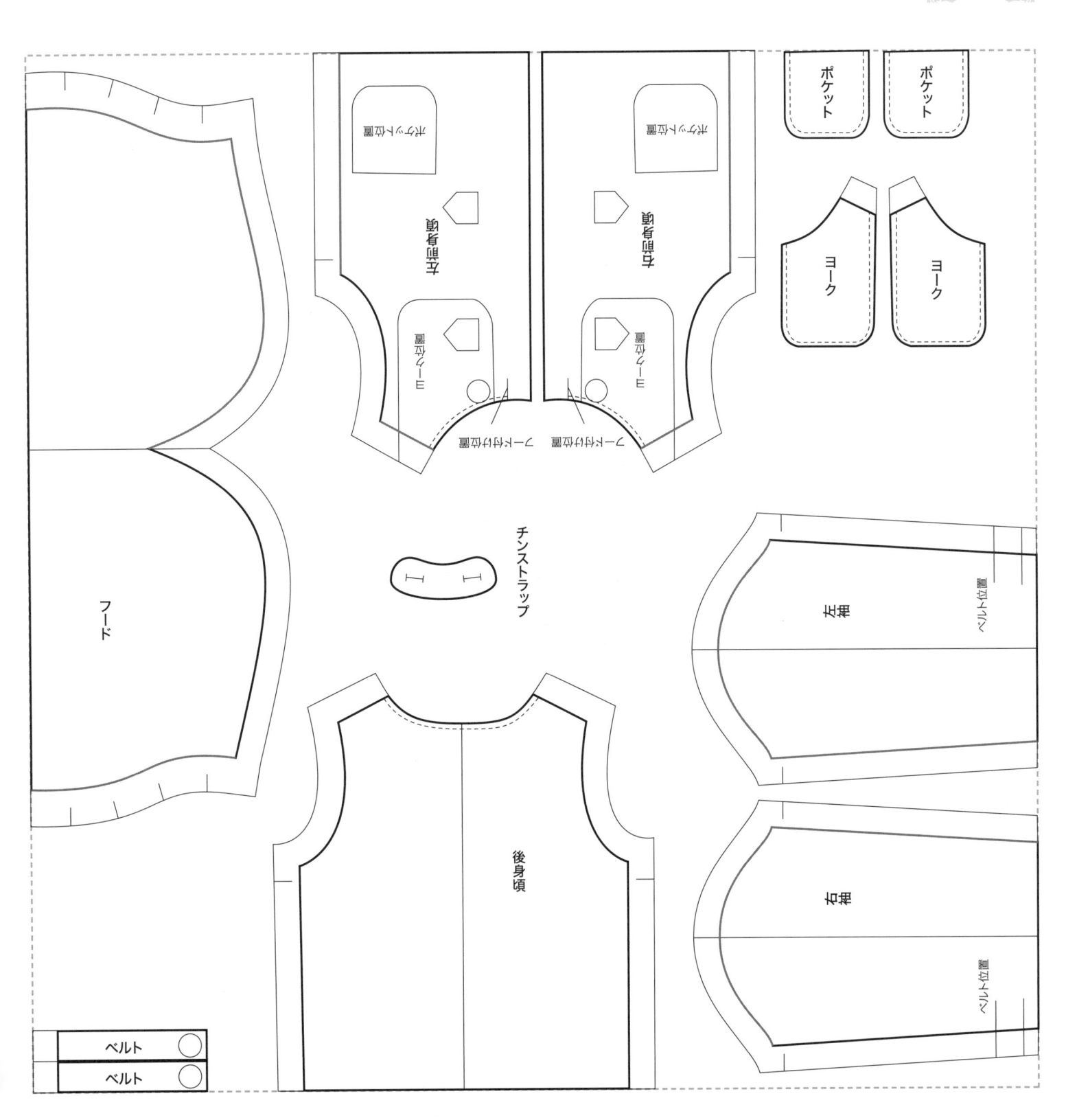

22cm ドール用 型紙

フードマント 難易度★★★

116

フードマントの作り方 ▶▶▶ **P74**

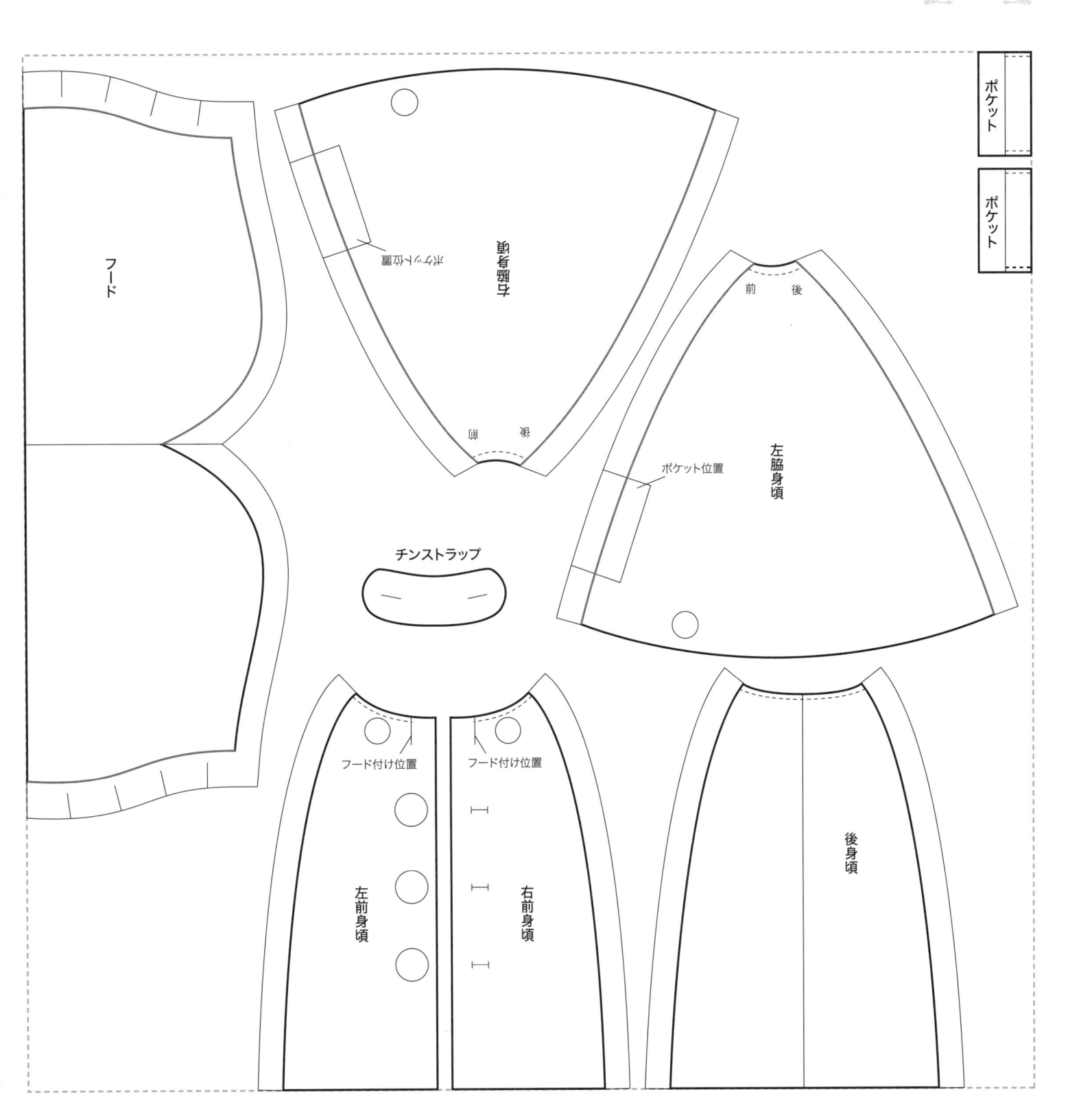

22cm
ドール用
型紙

ポケット

ポケット

フード

右脇身頃

ポケット位置

後ろ

前 後

左脇身頃

ポケット位置

チンストラップ

フード付け位置

フード付け位置

左前身頃

右前身頃

後身頃

117

ワンピース 難易度★☆☆

Odeco&Nikki ™ ©PetWORKs Co.,Ltd. deconiki.jp

ワンピースの作り方 ▶▶▶ **P38**
ヘッドドレスの作り方 ▶▶▶ **P82**

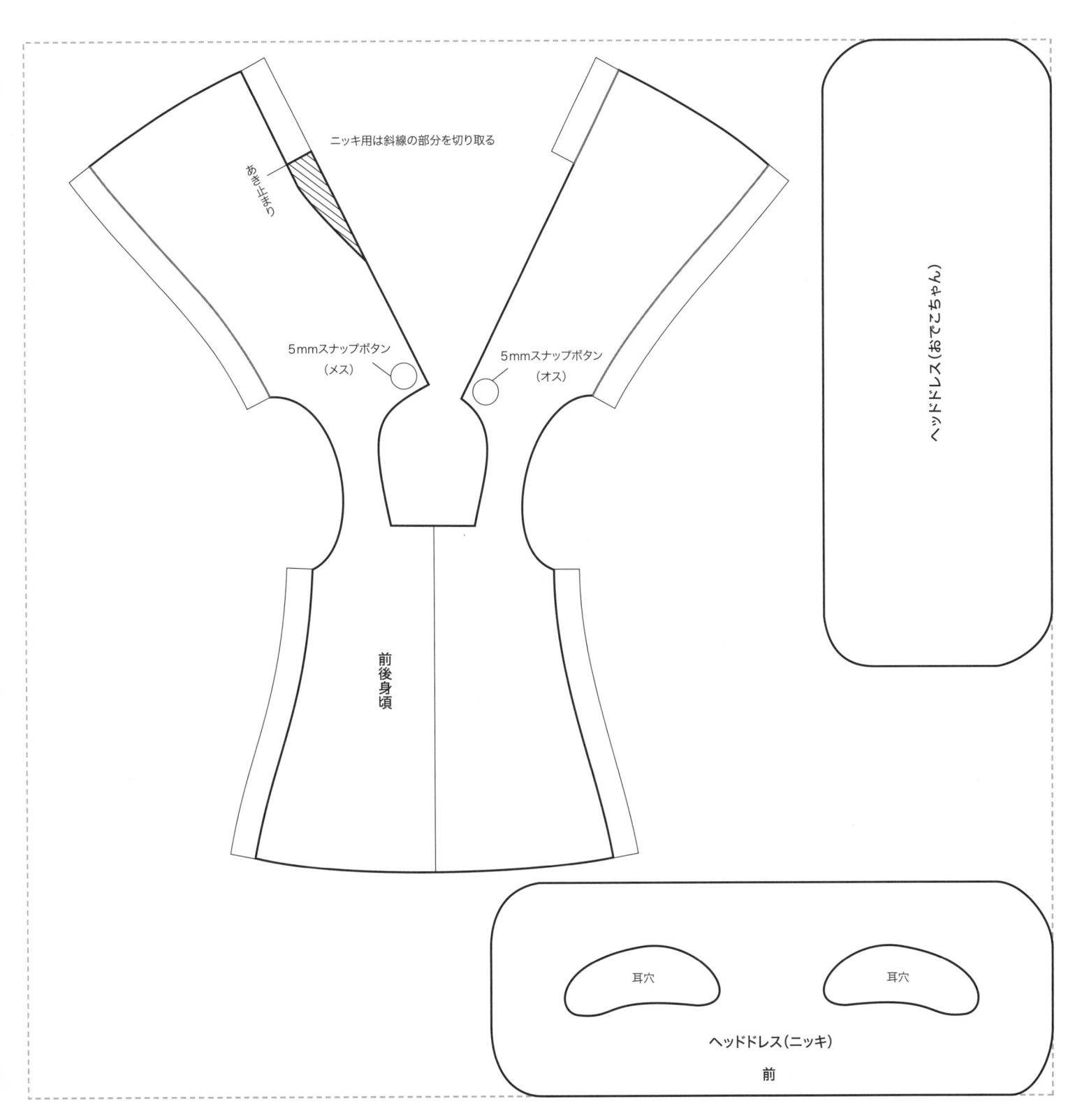

20cm
ドール用
型紙

ニッキ用は斜線の部分を切り取る

あき止まり

5mmスナップボタン
（メス）

5mmスナップボタン
（オス）

前後身頃

ヘッドドレス（おてでちゃん）

耳穴　　耳穴

ヘッドドレス（ニッキ）
前

スカート&ブラウス 難易度★☆☆

BLYTHE is a trademark of Hasbro.©2012 Hasbro. All Rights Reserved.

スカートの作り方 ▶▶▶ **P50**
ブラウスの作り方 ▶▶▶ **P44**

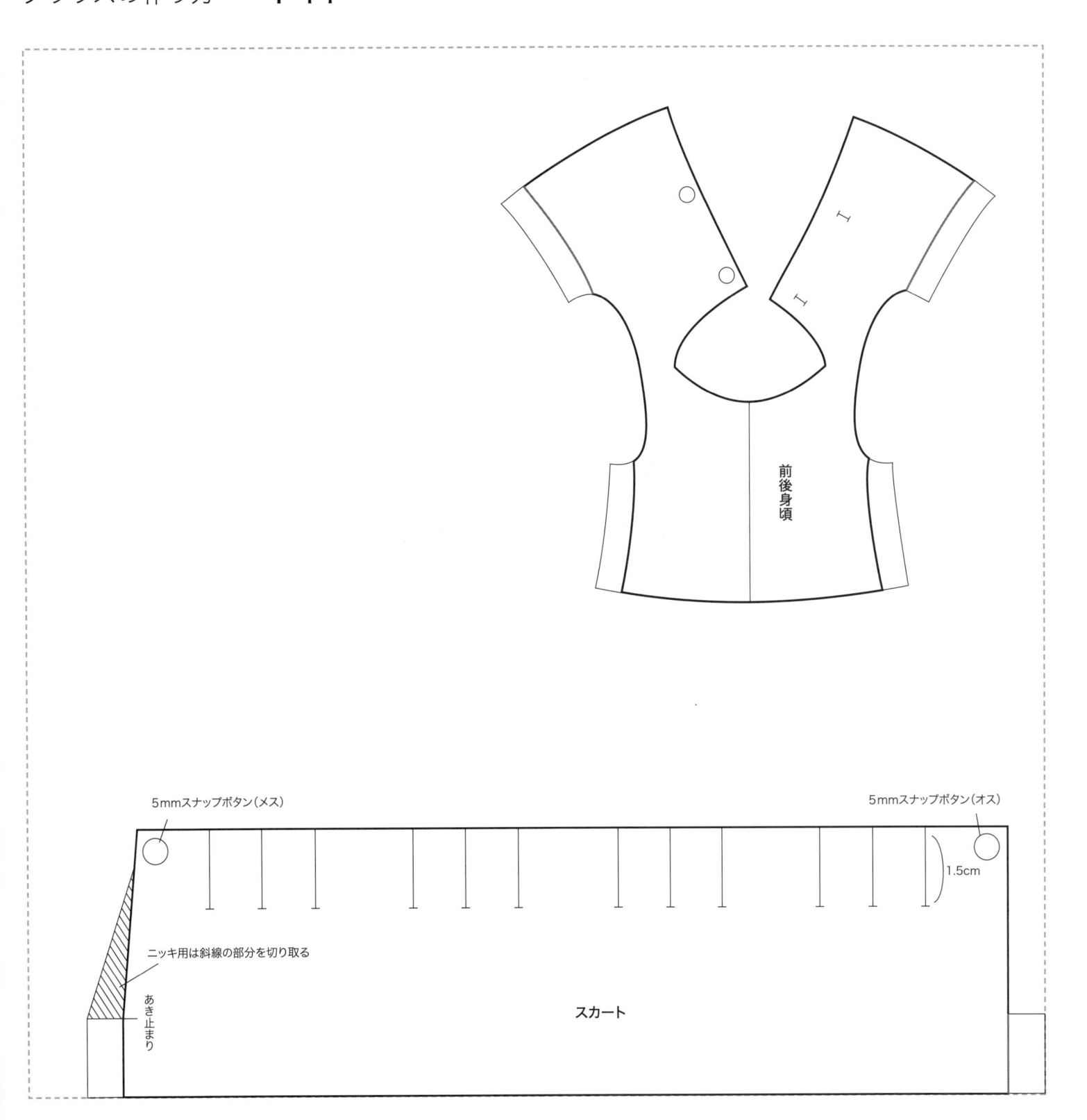

20cm
ドール用
型紙

前後身頃

5mmスナップボタン(メス)　　　　　　　　　　　　　　　　　　　　　　5mmスナップボタン(オス)

1.5cm

ニッキ用は斜線の部分を切り取る

あき止まり

スカート

121

ハーフパンツ 難易度 ★★☆

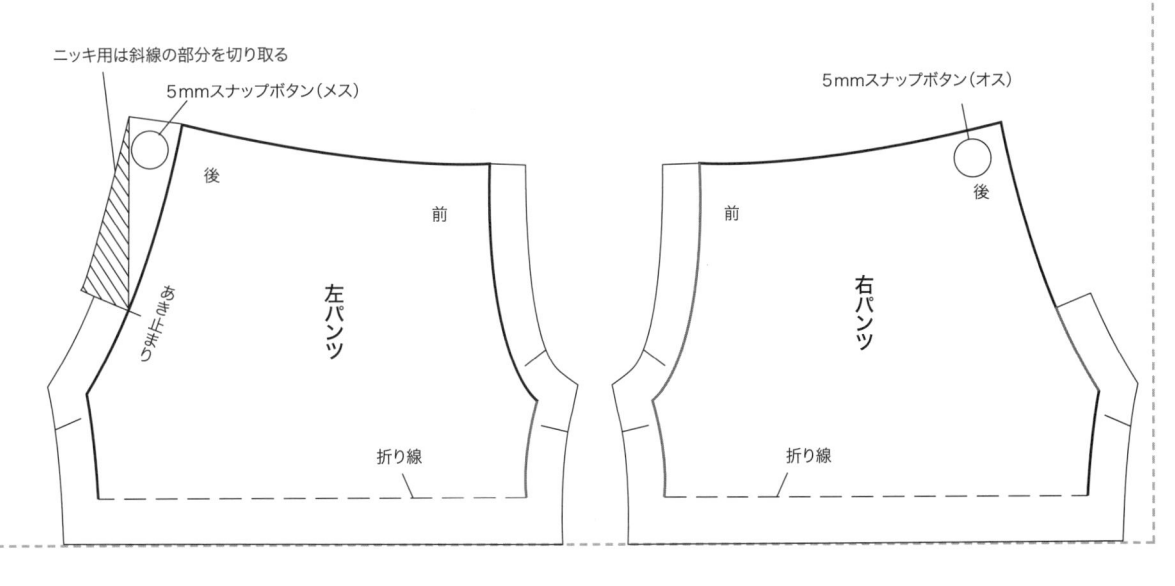

ハーフパンツの作り方 ▶▶▶ P56

20cm ドール用 型紙

縫い代の切り込みは忘れず入れよう！

ニッキ用は斜線の部分を切り取る

5mmスナップボタン（メス）

5mmスナップボタン（オス）

後　前　左パンツ　折り線　あき止まり

前　後　右パンツ　折り線

ロングパンツ 難易度★★☆

ロングパンツの作り方 ▶▶▶ P56

20cm ドール用型紙

落ち着いた色のフェルトで作ったら、まるでウールのパンツだね。

ニッキ用は斜線の部分を切り取る

5mmスナップボタン（メス）　　　　　5mmスナップボタン（オス）

後　　あき止まり　　前　　　　前　　後

左パンツ　　　　　　　　　　　右パンツ

折り線　　　　　　　　　　　　折り線

ショートパンツ 難易度★★☆

ショートパンツの作り方 ▶▶▶ P56

20cm ドール用型紙

ニッキのしっぽはちゃんと出してあげよう！

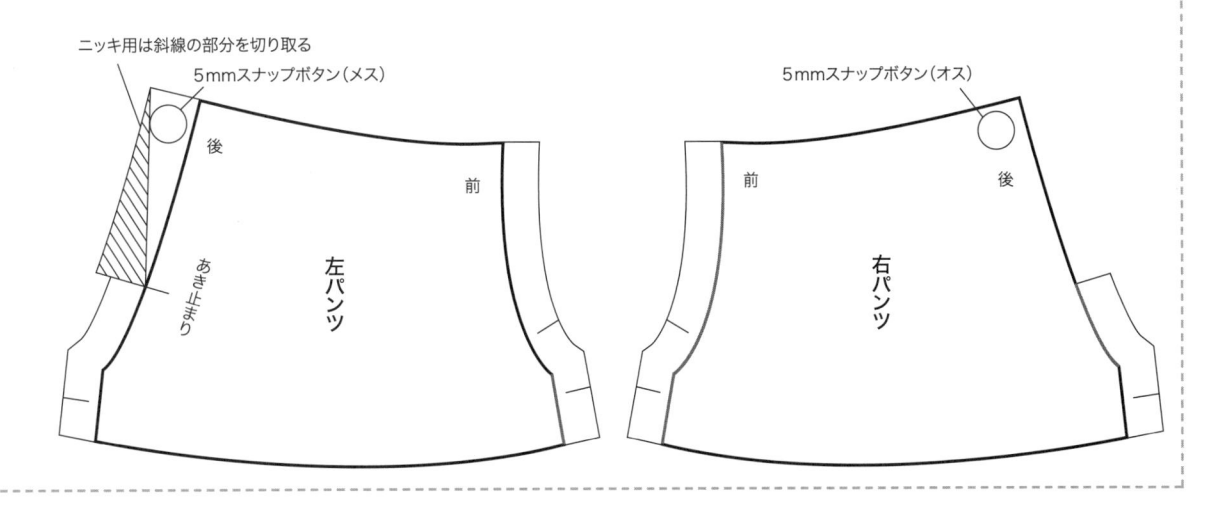

ニッキ用は斜線の部分を切り取る

5mmスナップボタン（メス）　　　　　5mmスナップボタン（オス）

後　　前　　　　　　前　　後

あき止まり

左パンツ　　　　　　右パンツ

オールインワン 難易度★★☆

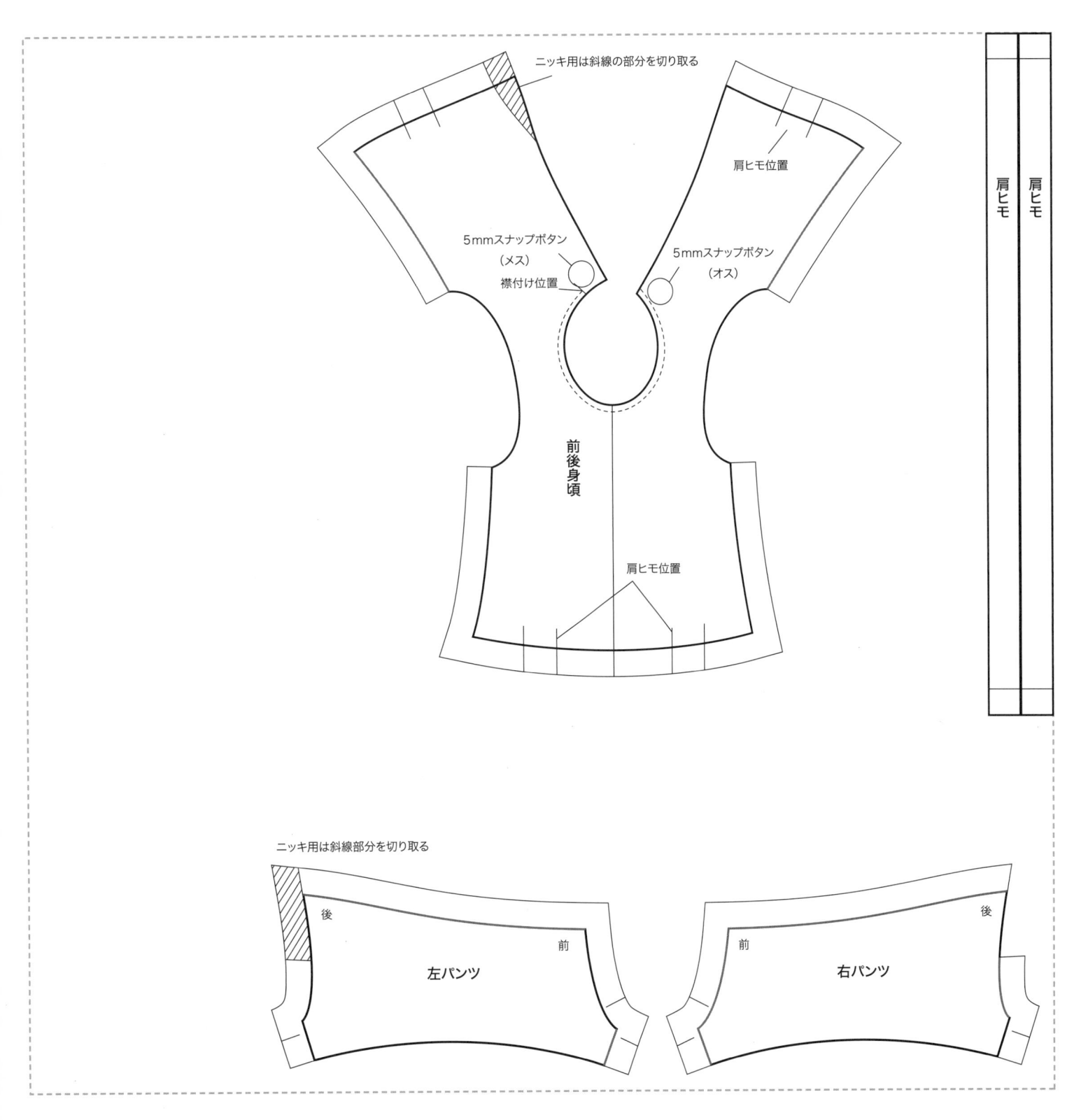

オールインワンの作り方 ▶▶▶ P62

20cm ドール用型紙

- ニッキ用は斜線の部分を切り取る
- 肩ヒモ位置
- 5mmスナップボタン（メス）
- 5mmスナップボタン（オス）
- 襟付け位置
- 前後身頃
- 肩ヒモ位置
- 肩ヒモ
- ニッキ用は斜線部分を切り取る
- 左パンツ / 後 / 前
- 右パンツ / 前 / 後

ジャケット 難易度★★★

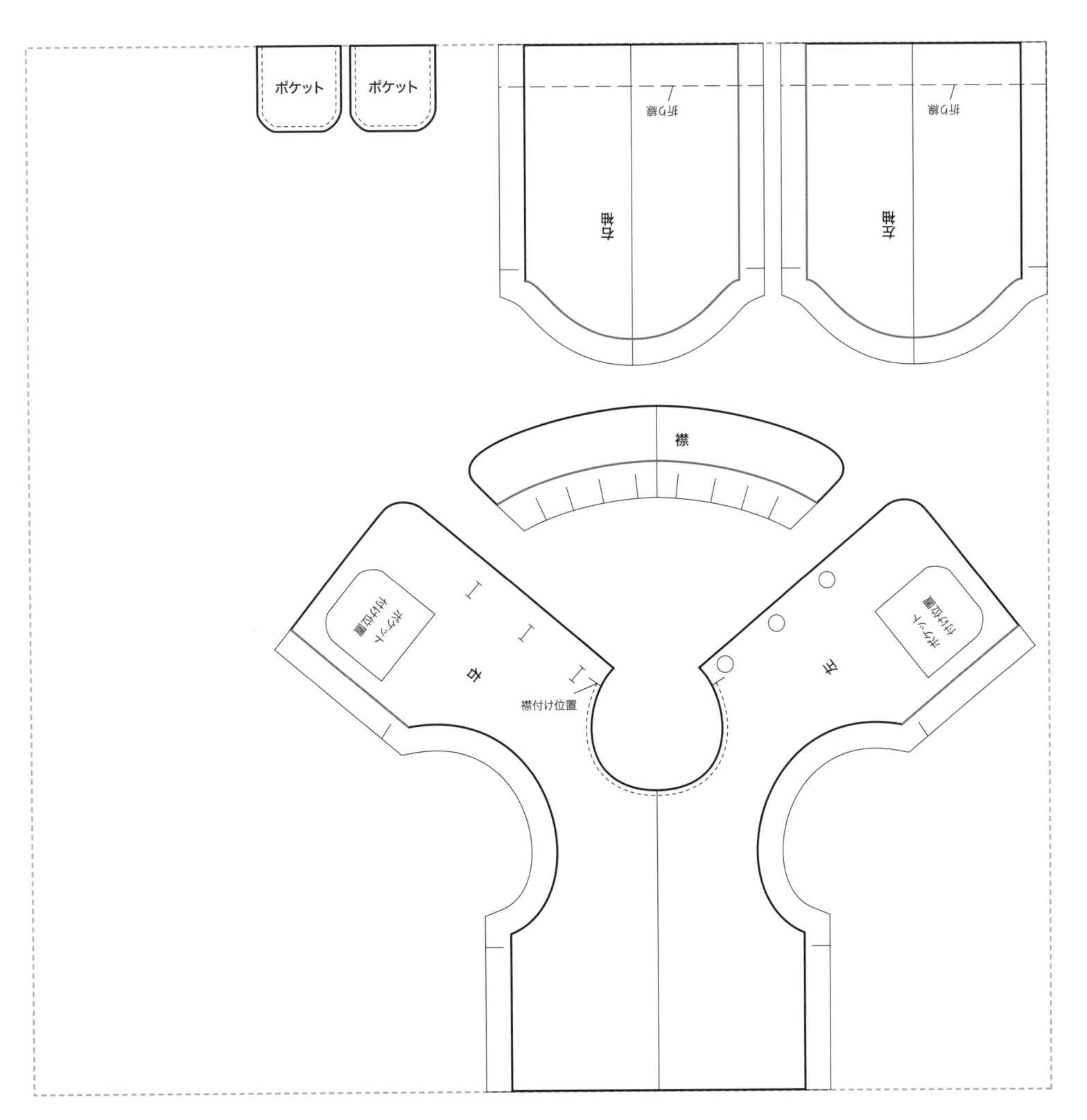

ジャケットの作り方 ▶▶▶ P68

20cm
ドール用
型紙

袖 / 袖

ポケット / ポケット

襟

右 / 左

襟付け位置

ポケット付け位置 / ポケット付け位置

キャミソール&タップパンツ 難易度★★☆

キャミソール＆タップパンツの作り方 ▶▶▶ P65

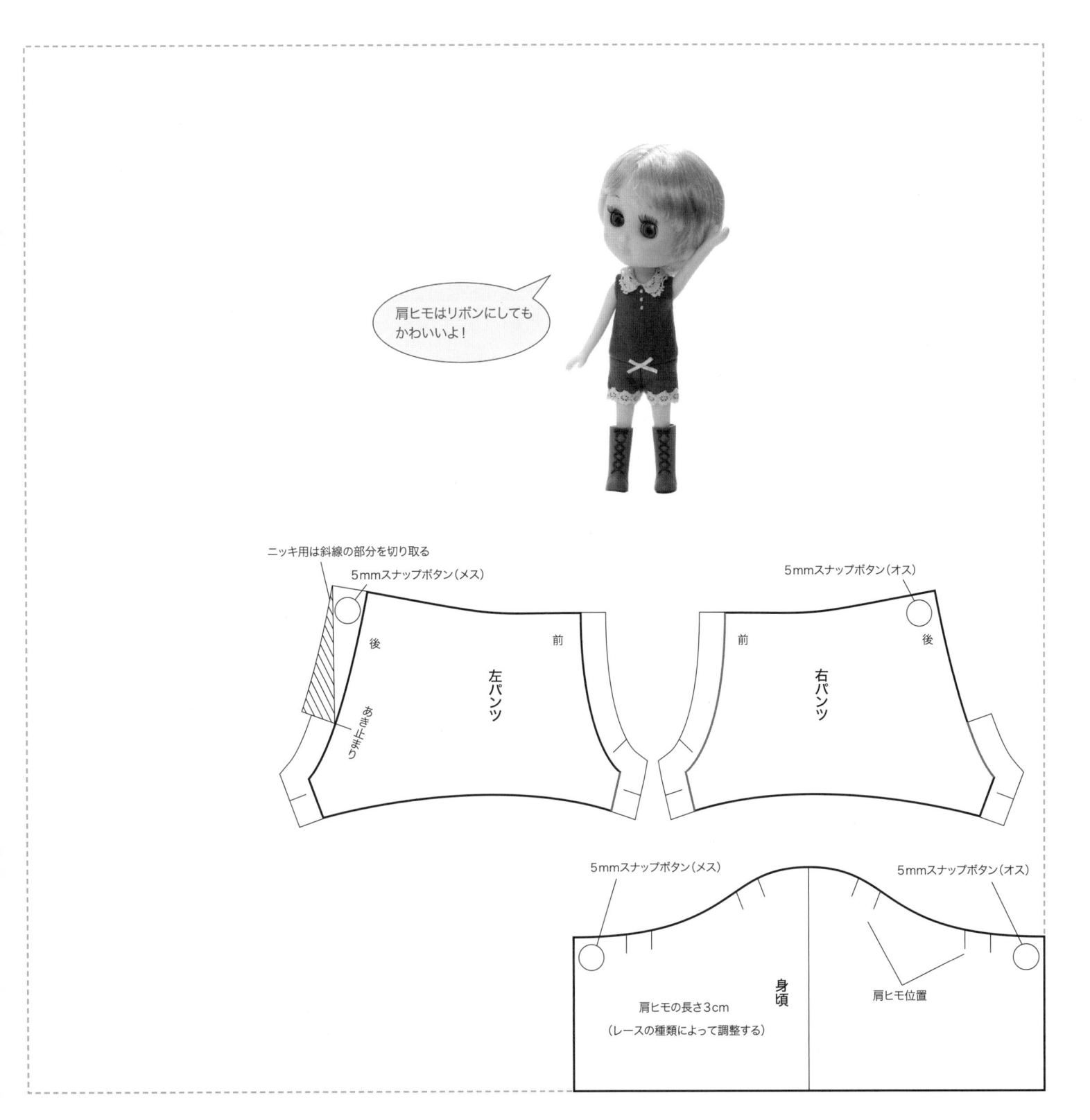

20cm ドール用型紙

肩ヒモはリボンにしてもかわいいよ！

ニッキ用は斜線の部分を切り取る

5mmスナップボタン（メス）

5mmスナップボタン（オス）

後　前　左パンツ　あき止まり

前　後　右パンツ

5mmスナップボタン（メス）

5mmスナップボタン（オス）

身頃

肩ヒモの長さ3cm
（レースの種類によって調整する）

肩ヒモ位置

ヨークつきワンピース 難易度★★☆

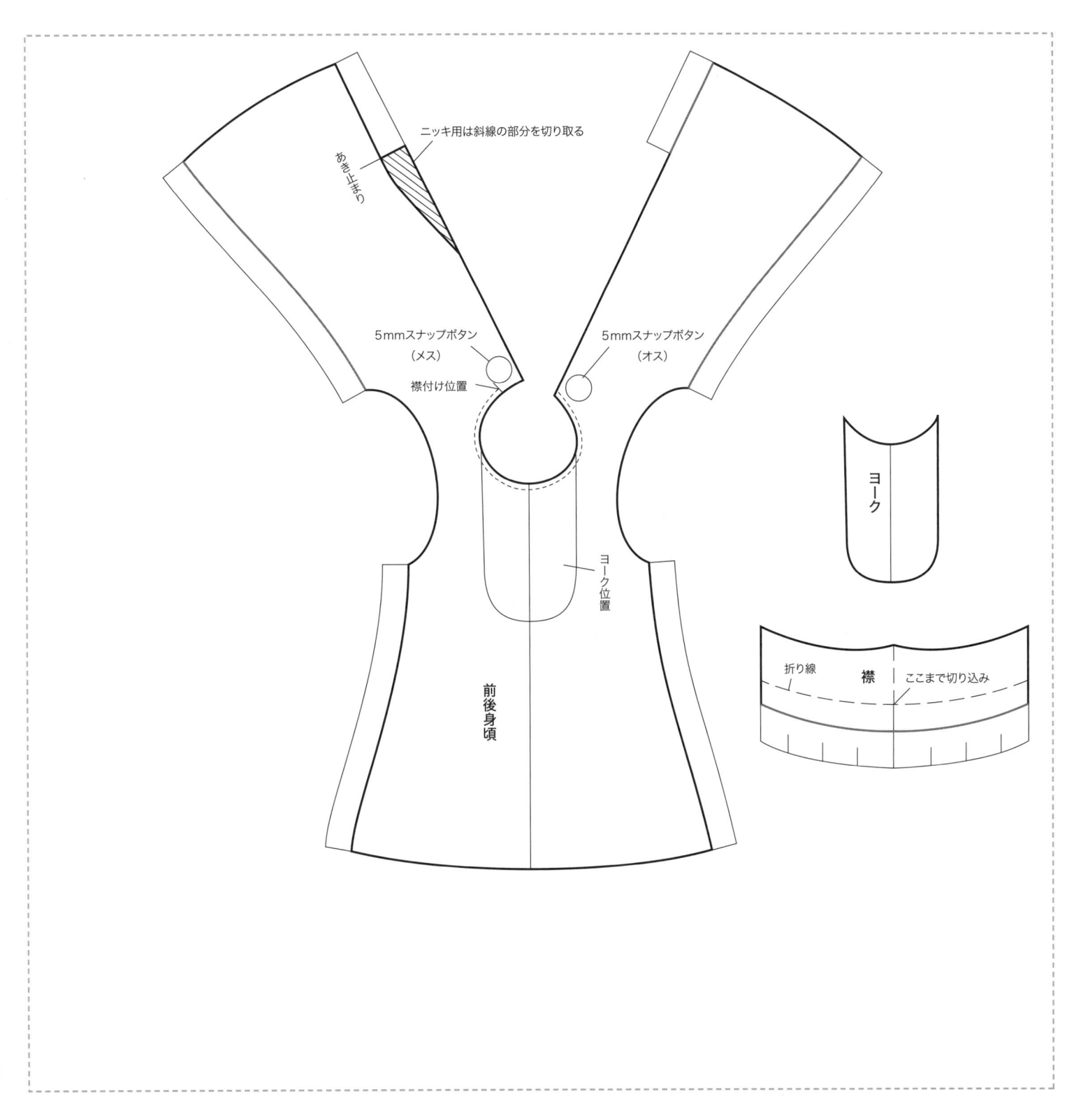

ヨークつきワンピースの作り方 ▶▶▶ P42

20cm ドール用 型紙

- ニッキ用は斜線の部分を切り取る
- あき止まり
- 5mmスナップボタン（メス）
- 5mmスナップボタン（オス）
- 襟付け位置
- ヨーク位置
- 前後身頃
- ヨーク
- 折り線
- 襟
- ここまで切り込み

セーラーワンピース 難易度★★☆

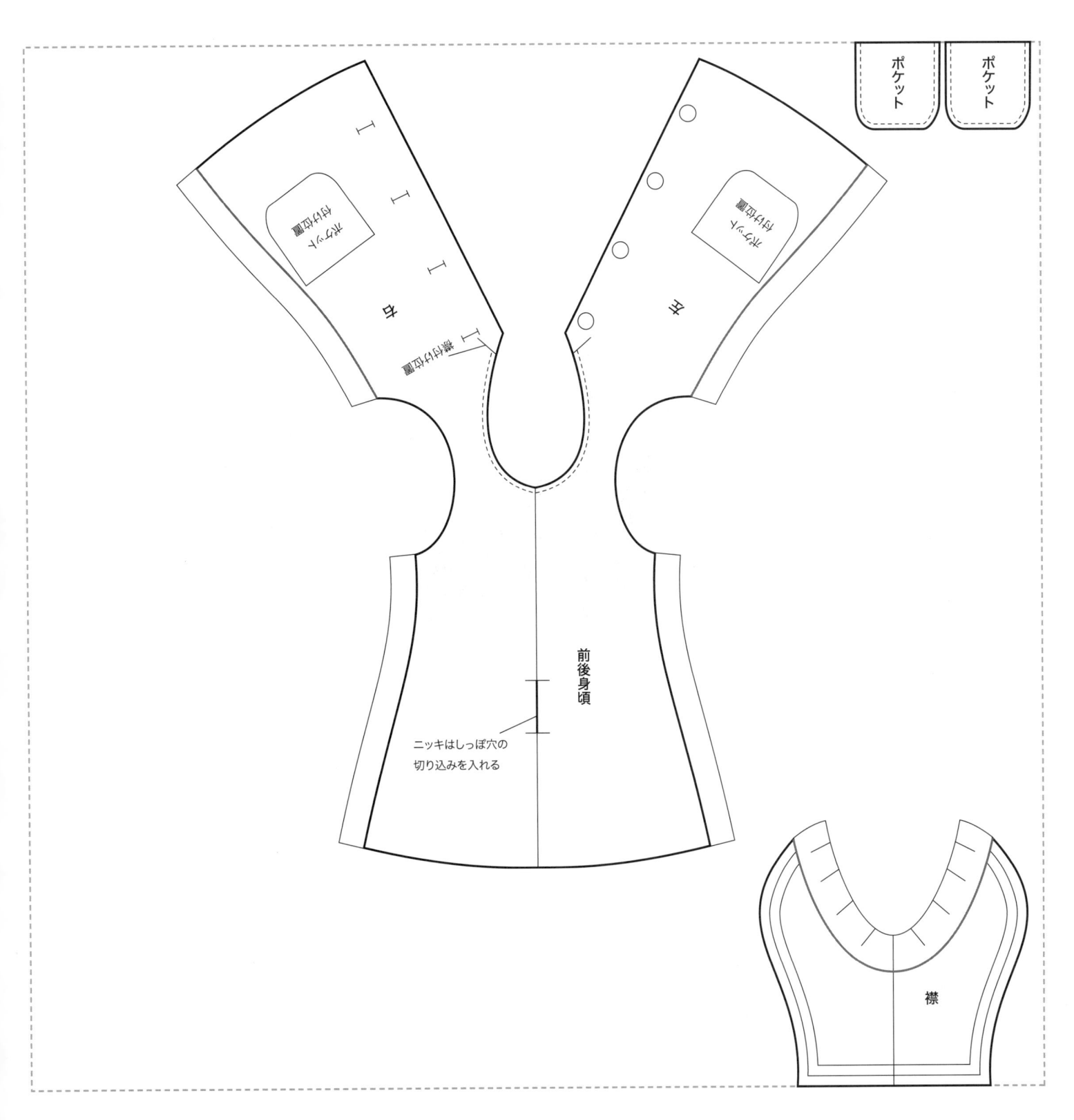

セーラーワンピースの作り方 ▶▶▶ P43

20cm
ドール用
型紙

ポケット
ポケット

前後身頃

ニッキはしっぽ穴の
切り込みを入れる

襟

えりつきブラウス 難易度★★☆

えりつきブラウスの作り方 ▶▶▶ P45

20cm ドール用 型紙

えりの色は変えてもかわいいよ！

5mmスナップボタン（メス）
5mmスナップボタン（オス）
襟付け位置
前後身頃
襟

セーラージャケット 難易度★★★

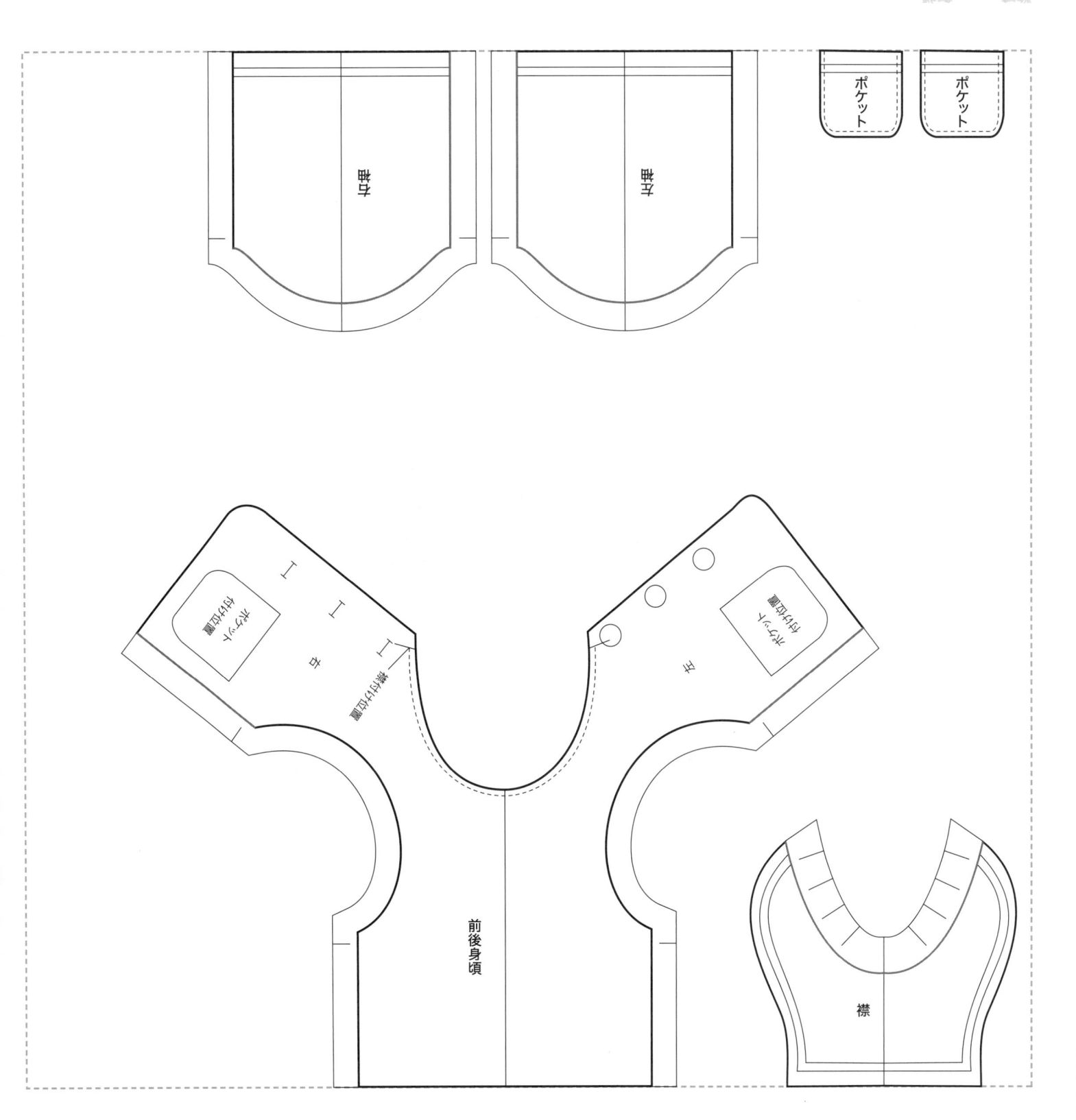

セーラージャケットの作り方 ▶▶▶ P72

20cm ドール用 型紙

ダッフルコート 難易度★★★

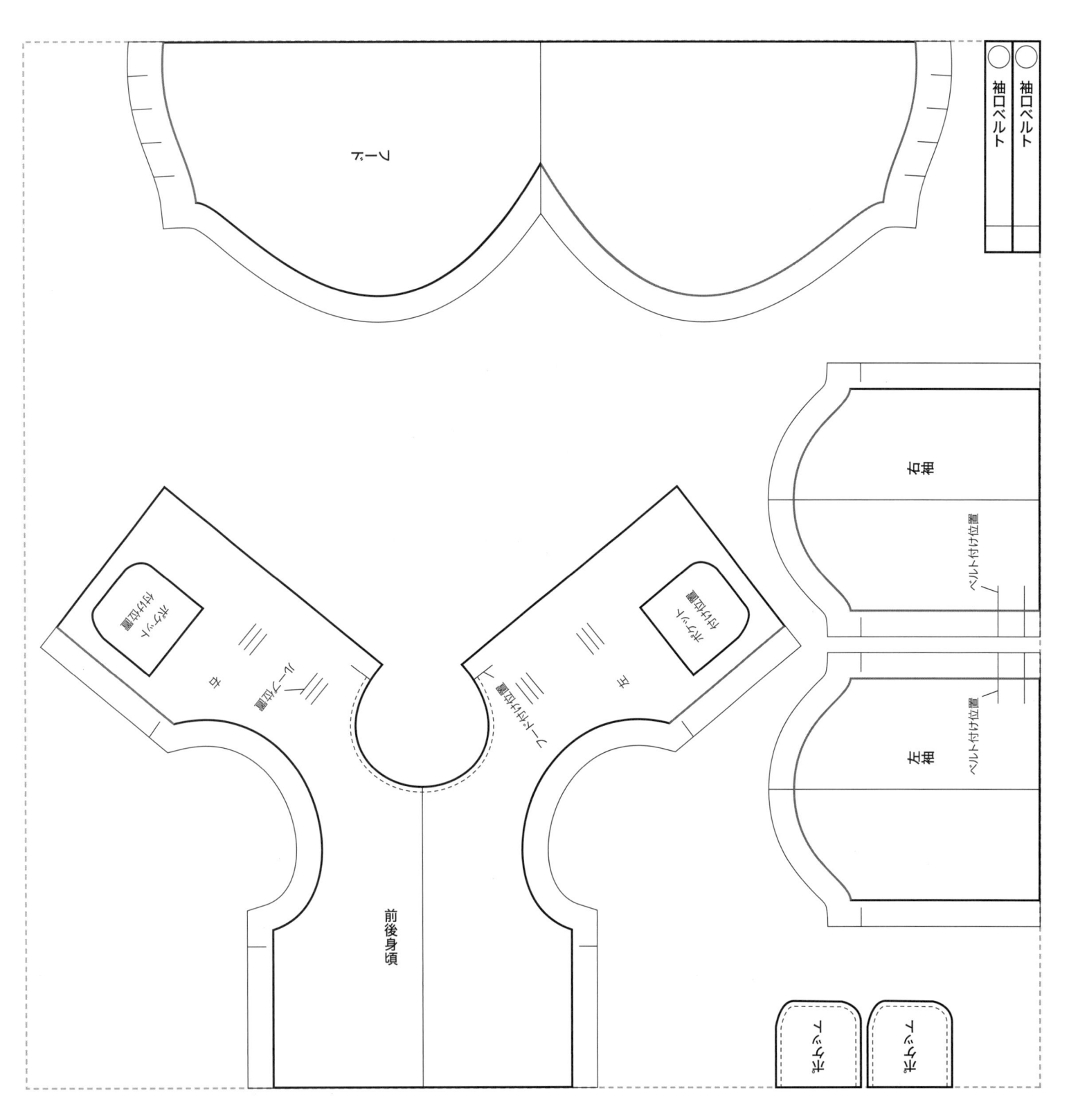

ダッフルコートの作り方 ▶▶▶ **P73**

20cm
ドール用
型紙

袖口ベルト / 袖口ベルト

スリーブ

前後身頃

右袖 / 左袖
ベルト付け位置

ポケット付け位置

トグル / トグル

143

フードマント 難易度★★★

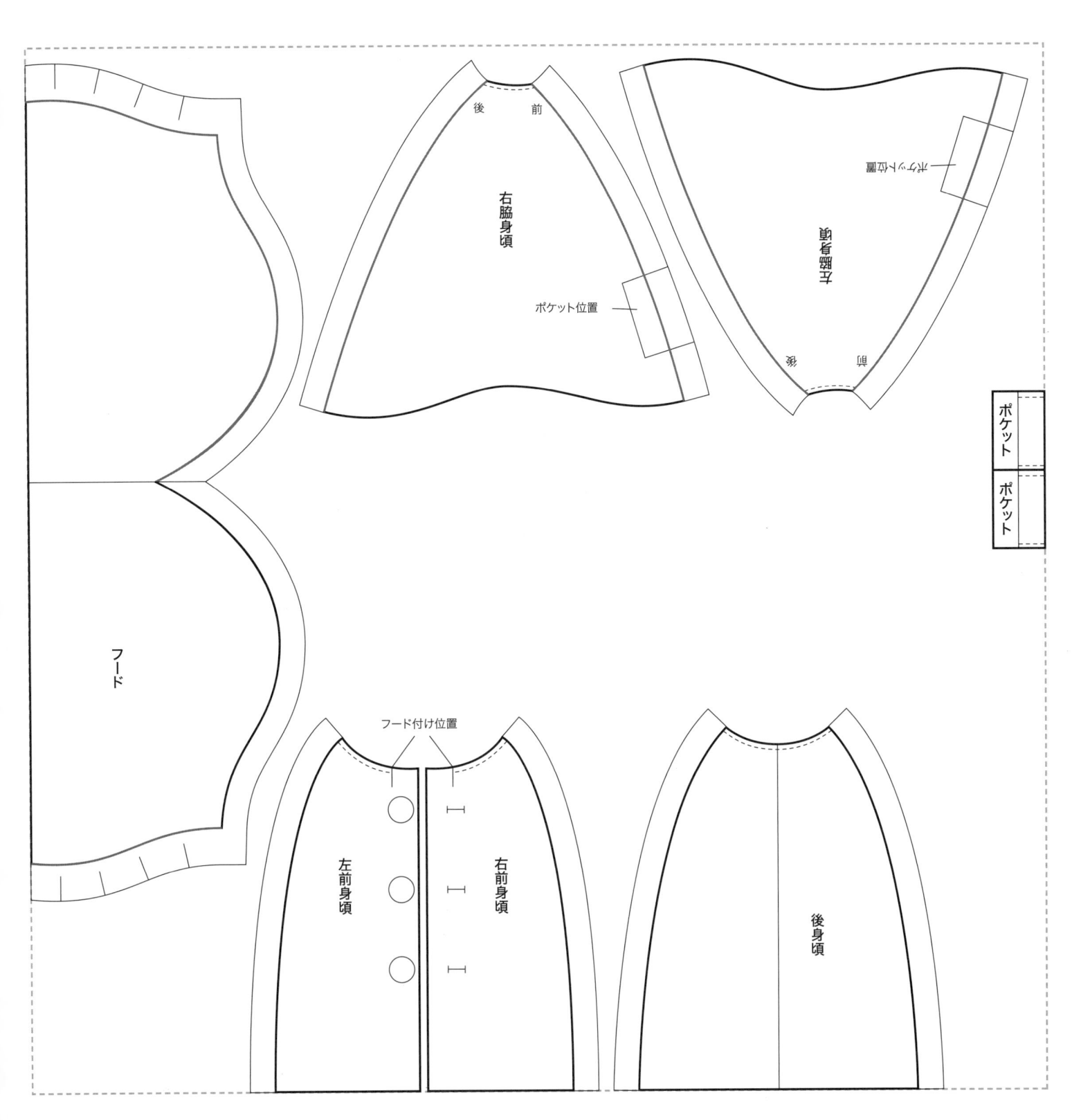

フードマントの作り方 ▶▶▶ **P74**

20cm
ドール用
型紙

右脇身頃

左脇身頃

ポケット位置

ポケット位置

ポケット

ポケット

フード

フード付け位置

左前身頃

右前身頃

後身頃

145

チュニック 難易度★☆☆

チュニックの作り方 ▶▶▶ P38
（基本のワンピースの作り方を参照、ダーツの縫い方はP80参照）

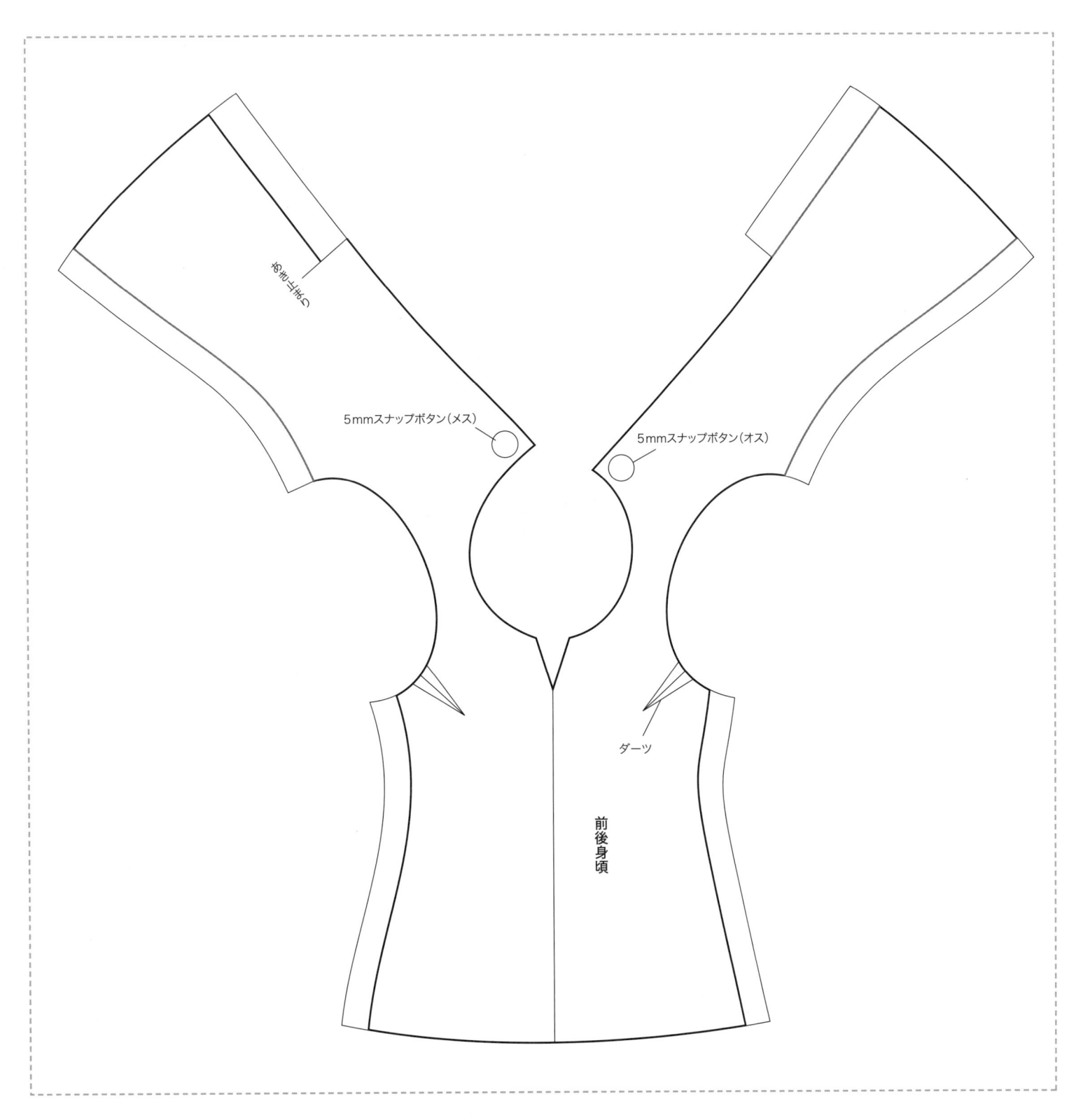

27cm
ドール用
型紙

5mmスナップボタン（メス）
5mmスナップボタン（オス）
ダーツ
前後身頃

ショートパンツ 難易度★★☆

ショートパンツの作り方 ▶▶▶ P56

27cm ドール用 型紙

> ショートパンツはチュニックとの相性バッチリだよ！

5mmスナップボタン（メス） 　　　　　　　　　　　　　　　5mmスナップボタン（オス）

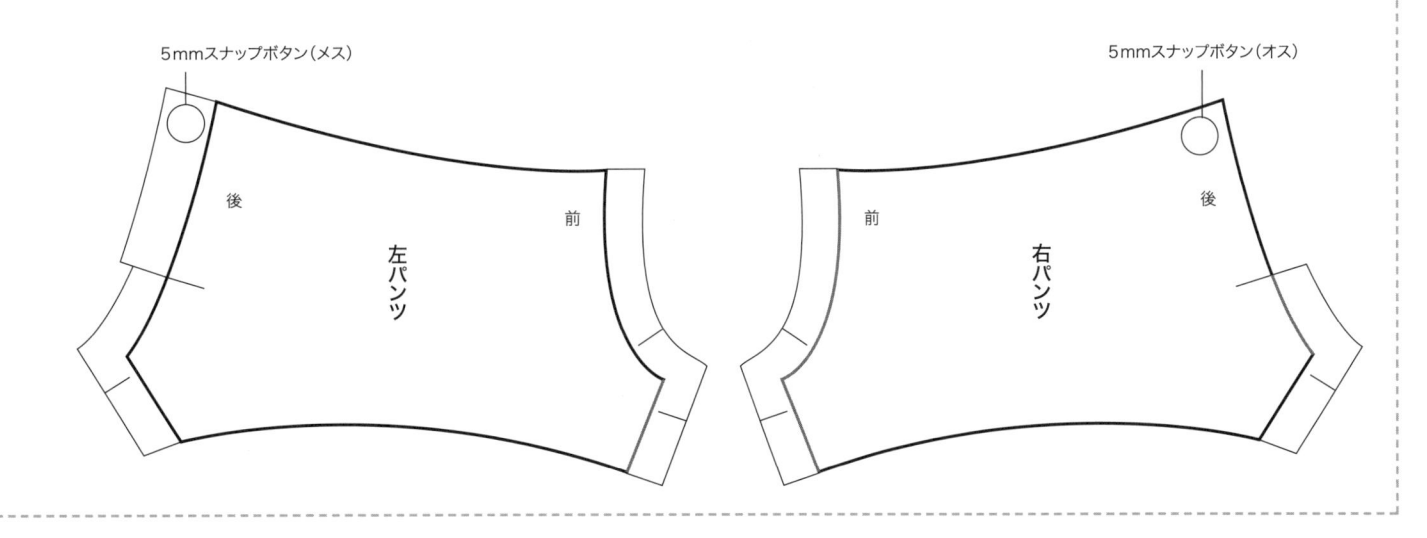

後　前　左パンツ　　　　　前　後　右パンツ

レースえりのブラウス 難易度★★☆

レースえりのブラウスの作り方 ▶▶▶ P46
（ダーツの縫い方はP80参照）

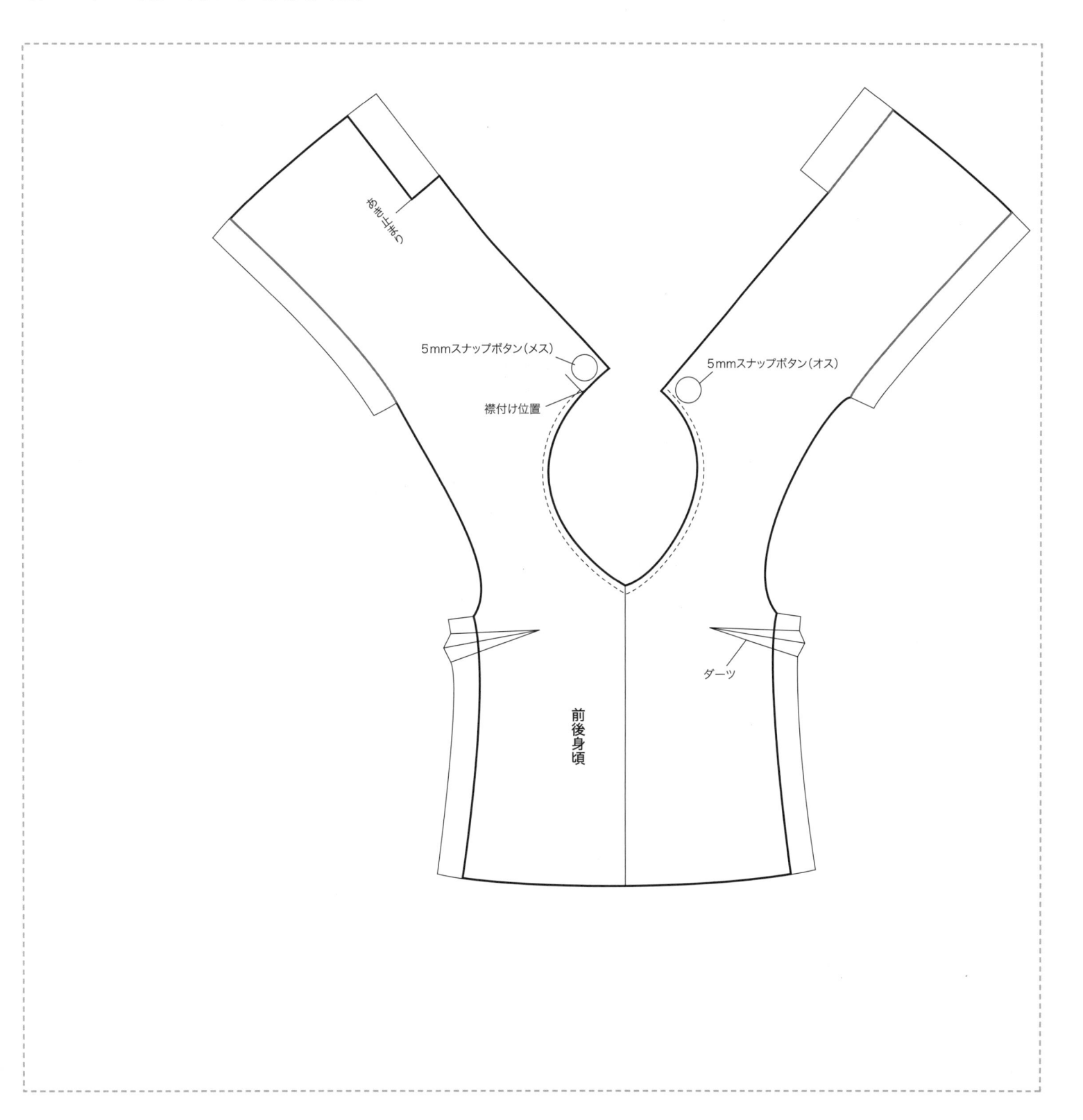

27cm
ドール用
型紙

5mmスナップボタン（メス）
5mmスナップボタン（オス）
襟付け位置
ダーツ
前後身頃

151

ロングパンツ 難易度★★☆

ロングパンツの作り方 ▶▶▶ P56

27cm ドール用 型紙

5mmスナップボタン（メス）　　　　　5mmスナップボタン（オス）

後　前　　　　　前　後

あき止まり

左パンツ　　　　　右パンツ

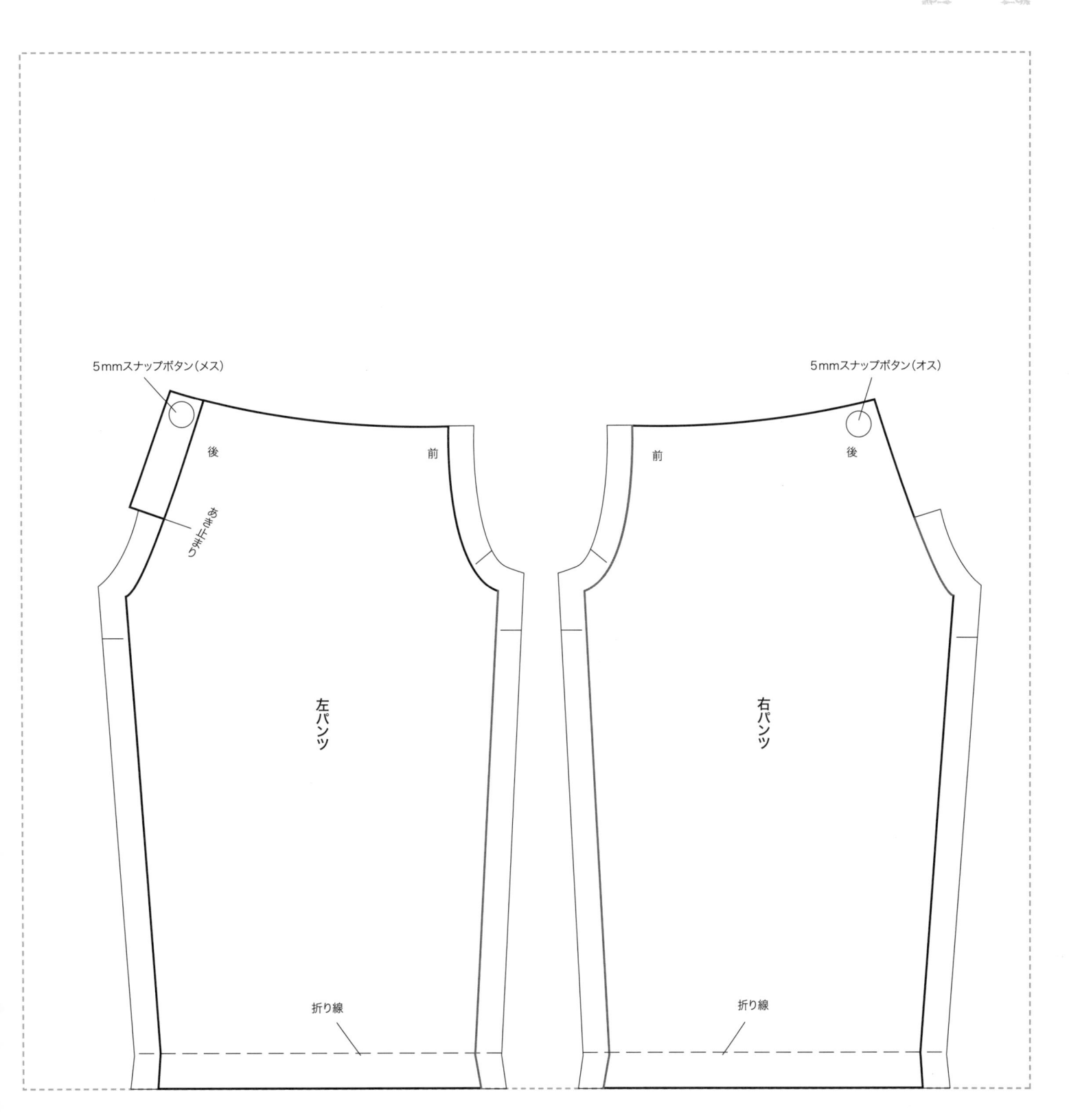

折り線　　　　　折り線

オールインワン 難易度★★☆

オールインワンの作り方 ▶▶▶ P62
（肩ヒモの付け方はキャミソールの作り方P65、ダーツの縫い方はP80参照）

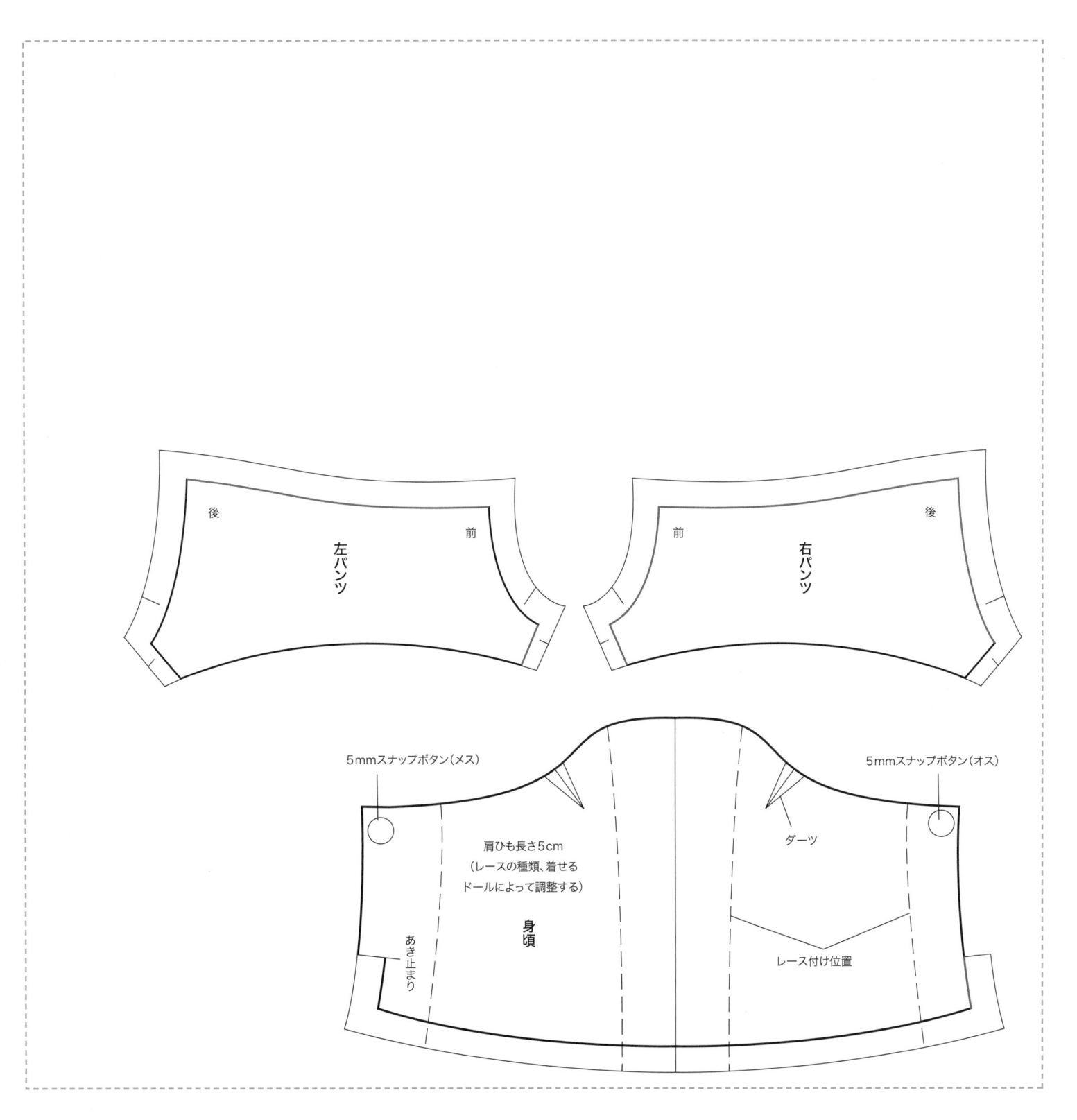

27cm ドール用 型紙

左パンツ　後　前

右パンツ　前　後

5mmスナップボタン（メス）

5mmスナップボタン（オス）

ダーツ

肩ひも長さ5cm
（レースの種類、着せる
ドールによって調整する）

身頃

あき止まり

レース付け位置

155

ベレー帽（小）難易度 ★☆☆

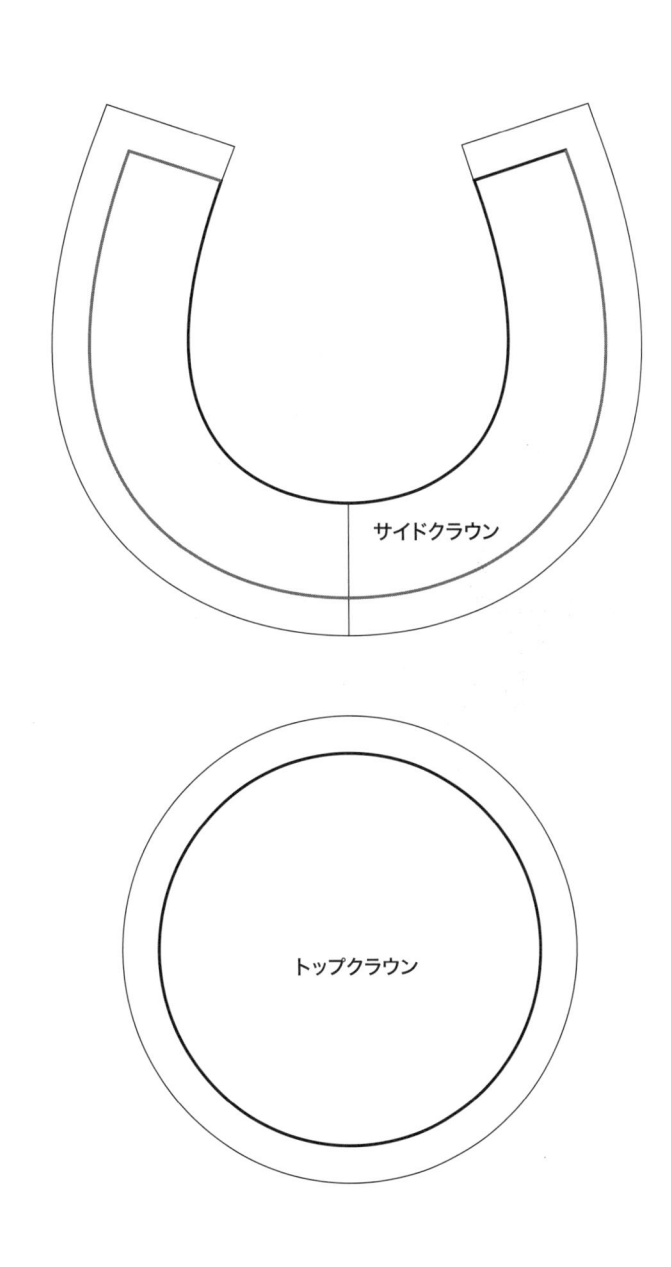

ベレー帽（小）の作り方 ▶▶▶ P83

22cm ドール用 型紙

サイドクラウン

トップクラウン

157

ベレー帽(中) 難易度★☆☆

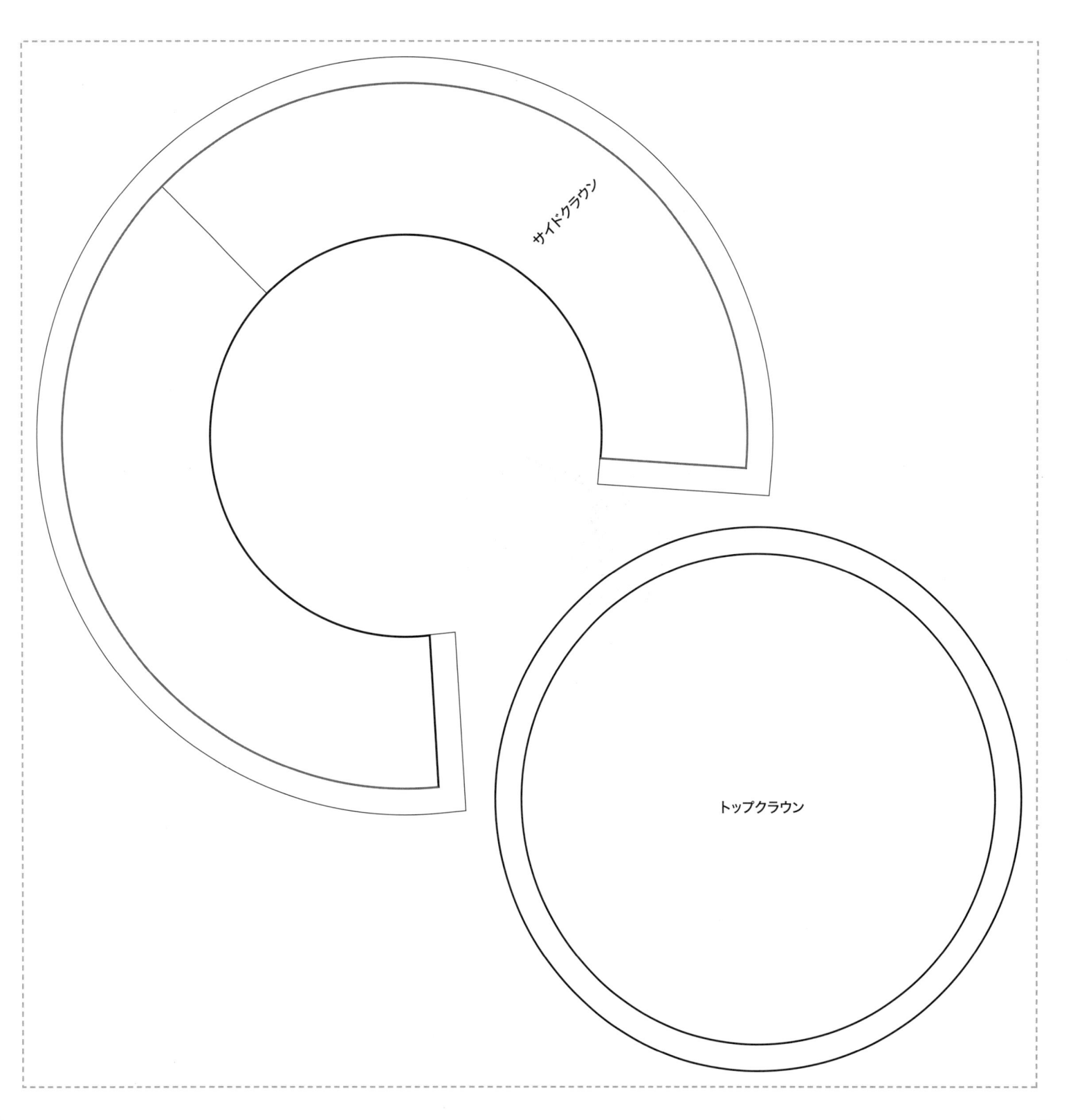

ベレー帽（中）の作り方 ▶▶▶ P83

20cm
ドール用
型紙

サイドクラウン

トップクラウン

159

ベレー帽（大） 難易度★☆☆

BLYTHE is a trademark of Hasbro.©2012 Hasbro. All Rights Reserved.

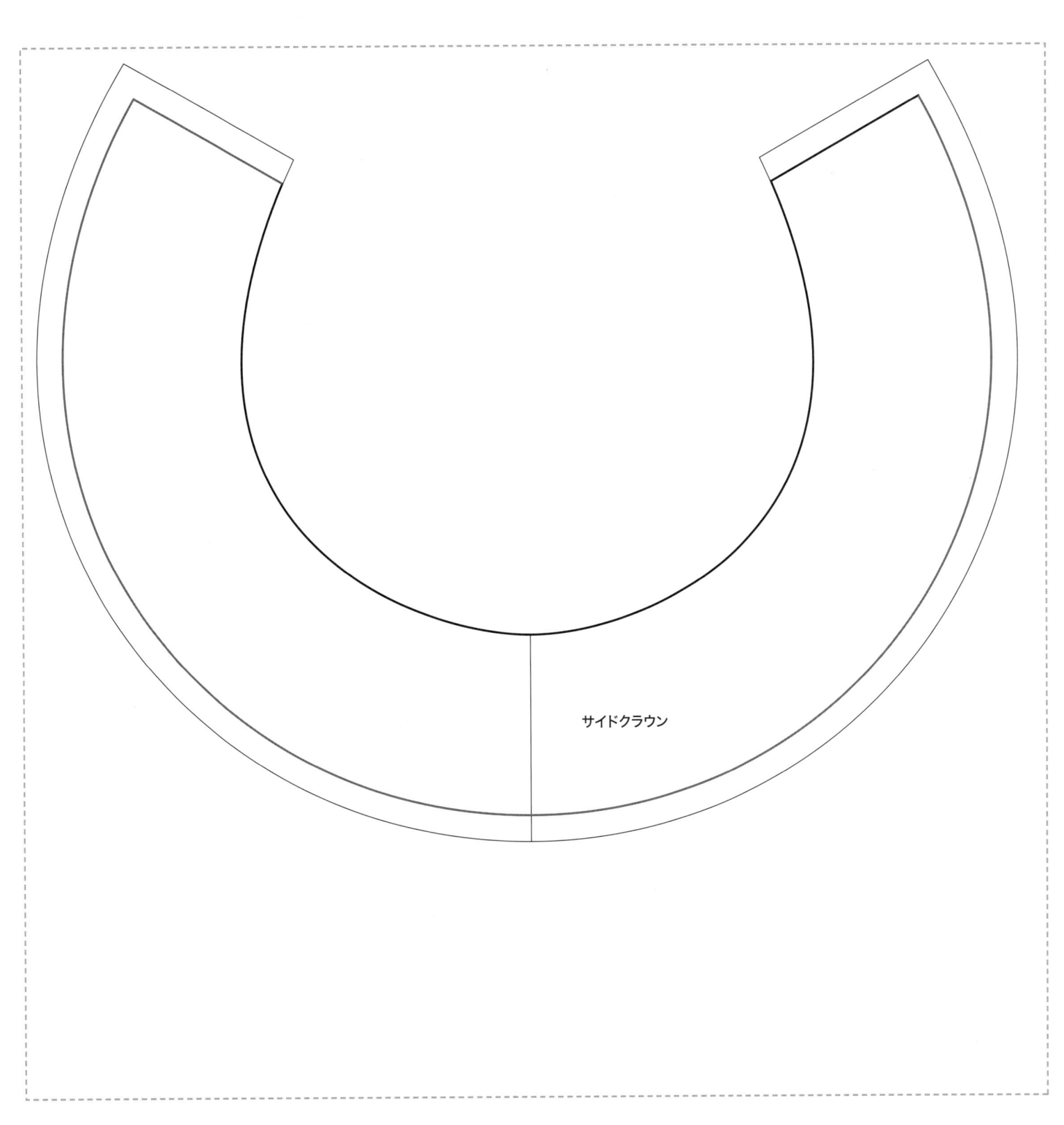

ベレー帽（大）の作り方 ▶▶▶ P83

ブライス用
型紙

サイドクラウン

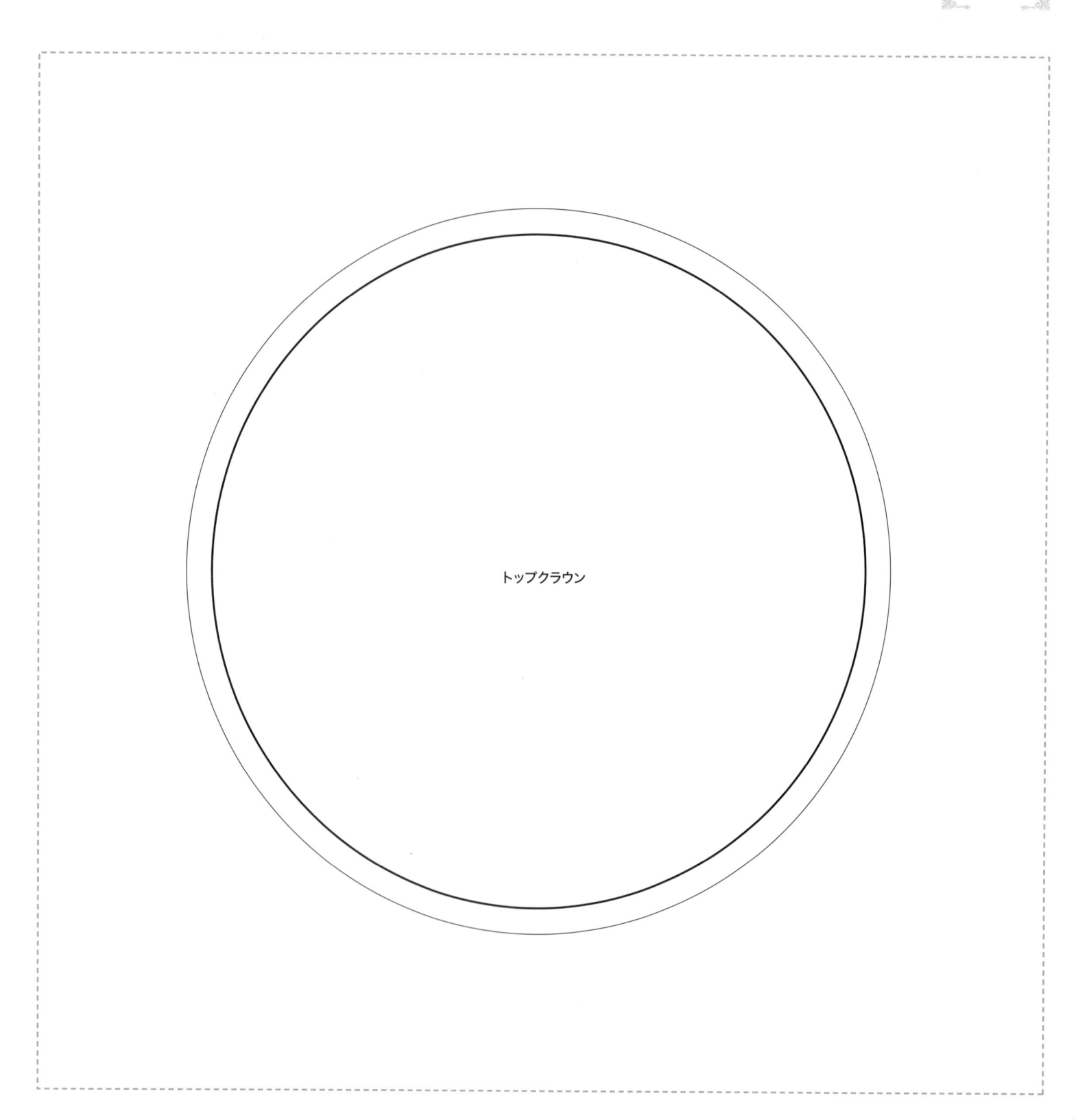

ベレー帽(大)の作り方 ▶▶▶ P83

ブライス用
型紙

トップクラウン

AD

モモコドール服買えるなう。
www.momokodoll.com

素敵なドールには素敵なファッションを
MOMOKO by momoko

その精度を評価いただいているmomokoの衣装。いよいよ1/6リアルファッション・ブランドがスタート。着せて楽しい、飾って楽しいドール服です。

ナイロンパーカー
¥2,310（税込）
（税抜 ¥2,200）

ワイドサロペット
¥2,625（税込）
（税抜 ¥2,500）

チュールスカート
¥1,785（税込）
（税抜 ¥1,700）

ピンタックチュニックブラウス
¥2,100（税込）
（税抜 ¥2,000）

momoko ™ ©PetWORKs Co.,Ltd.

大人の本気で「買い物」する www.momokodoll.com

東京の今を切り取る1/6スケール（身長約27cm）のリアルファッションドール「momoko」。2001年8月、真鍋奈見江の個展でのデビュー以来、インディーズドールとして既存のドールコレクターだけではなく、これまで人形に興味の無かった20代〜30代の女性層に浸透。おしゃれなファッションドールとして、アートとして、雑貨として、そのストイックなまでに追求したファッションと小物の精度が、様々な形で受け入れられている。またCM出演やモデル活動に加え、ファッションブランドやアーティスト、ミュージシャンとのクロスオーバーも積極的に行う。2005年4月、モンチッチでおなじみの「愛と夢で世界を結ぶ人形のセキグチ」から、新生『momoko DOLL』としてメジャーデビュー。現在ファッションドールのトップブランドへと成長中。

ピュアな女性のためのワインサイズのリアルファッションドール「momoko DOLL」

MOMOKO by momoko

Sekiguchi
SINCE 1918

ショルダーバッグ、チェーンポシェット
トートバッグ　難易度★★☆

ショルダーバッグの作り方 ▶▶▶ **P84**
チェーンポシェットの作り方 ▶▶▶ **P85**
トートバッグの作り方 ▶▶▶ **P86**

全サイズ共通型紙

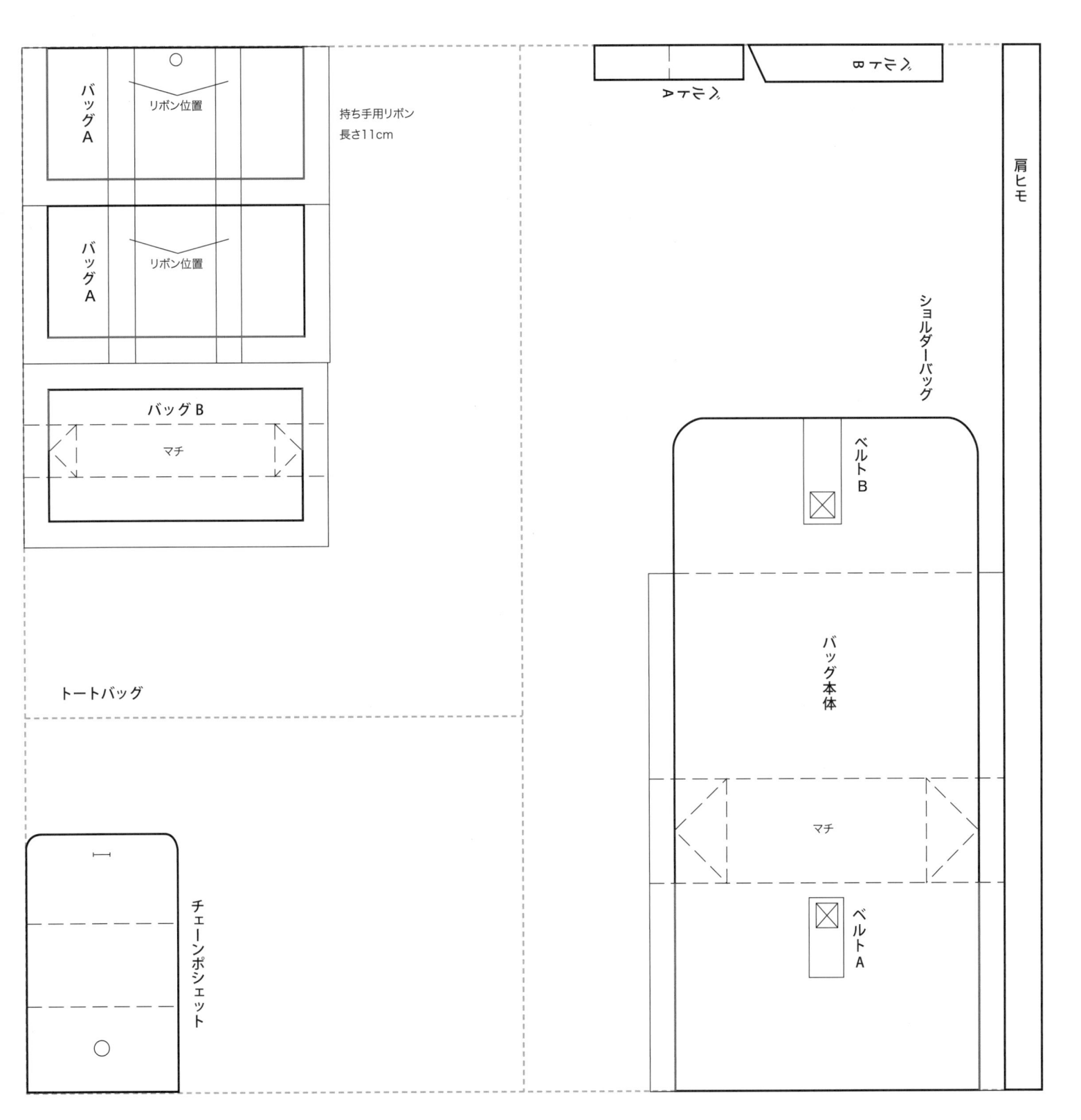

バッグA リボン位置

バッグA リボン位置

持ち手用リボン
長さ11cm

バッグB マチ

トートバッグ

チェーンポシェット

〈まち A 〈まち B

肩ヒモ

ショルダーバッグ

ベルトB

バッグ本体

マチ

ベルトA

くつした 難易度★☆☆

166

くつしたの作り方 ▶▶▶ P87

全サイズ
共通
型紙

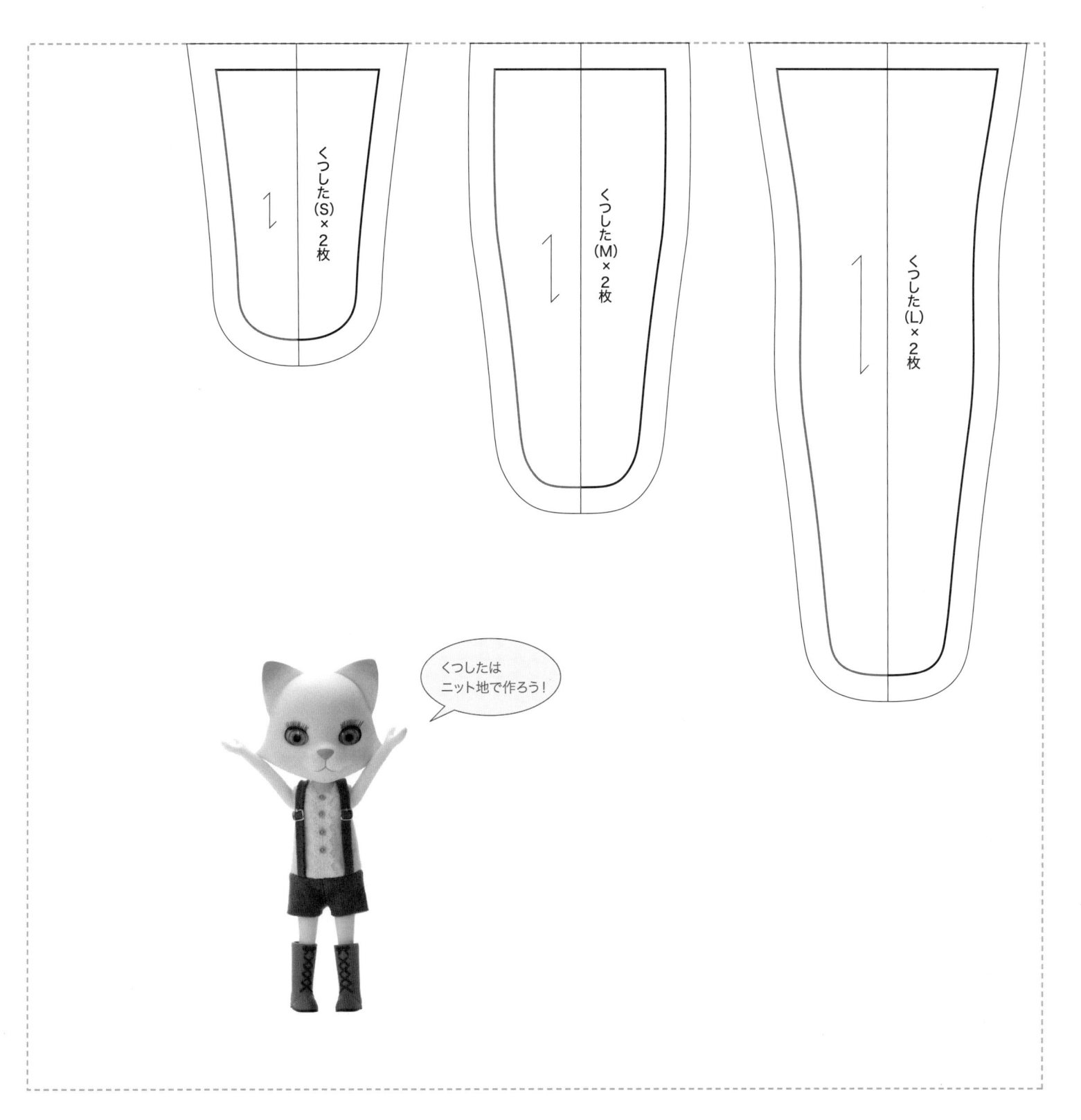

くつした(S)×2枚

くつした(M)×2枚

くつした(L)×2枚

くつしたは
ニット地で作ろう！

著者紹介

関口妙子（F.L.C.）

2001年よりお人形服の制作をスタート。現在、PetWORKs、セキグチ、アゾンインターナショナル他で、ドール衣装のデザイン＆パターンを手掛けつつ、自身のブランド(F.L.C.)でオリジナル衣装の制作を行っている。2008年9月、個展「Reality Clothes」を開催。「ドール・コーディネイト・レシピ①リアルクローズ」「同④ロマンティック・ガーリー」「はじめてのドール・コーディネイト・レシピ」「かんたんドール・コーディネイト・レシピ」（すべて小社刊）著者。

staff

編集
TEAM F.L.C.
Dolly＊Dolly編集部
プロジェクト・ブリーダー
須田真希子

撮影
米倉裕貴

AD
向井雅代（AKiTE）

COVER
安倍晴美

協力
クロスワールドコネクションズ
ジュニームーン
グルーヴ
セキグチ
タカラトミー
ペットワークス
リトルファクトリー
　　　　　　and more……
　　　　　　（敬称略）

本書に掲載のリカちゃん＆フレンドドールは、撮影用のイメージです。
本書で撮影したお人形及び小物は著者個人の私物または借り物であり、著者本人がカスタムしたり、現在は販売終了しているものもございます。各メーカーへのお問い合わせはご遠慮くださいますようお願いいたします。

＜型紙の著作権保護に関する注意事項＞
本書に掲載されている型紙は、お買い求め頂いたみなさまに個人で作って楽しんで頂くためのものです。著作者の権利は、著作権法及び国際法により、保護されています。個人、企業を問わず、本書に掲載されている型紙を使用、もしくは流用したと認められるものについての無断での商業利用は、インターネット、人形イベント等での販売をはじめ、いかなる場合でも禁じます。違反された場合は、法的手段を取らせていただきます。

Dolly＊Dolly Books
てぬいのドール・コーディネイト・レシピ
―すぐできるフェルトのお洋服―

2012年9月25日　初版第1刷発行
2012年10月25日　初版第2刷発行
2013年10月25日　初版第3刷発行
2015年5月15日　初版第4刷発行
2016年1月25日　初版第5刷発行
2016年10月25日　初版第6刷発行
2017年4月25日　初版第7刷発行

著　者：関口妙子
発行者：長瀬　聡
発行所：株式会社グラフィック社
印刷所：図書印刷株式会社
製本所：図書印刷株式会社

〒102-0073
東京都千代田区九段北1-14-17
tel. 03-3263-4318
fax.03-3263-5297

http://www.graphicsha.co.jp

振替 00130-6-114345
乱丁・落丁本はお取り替え致します。
本書の収録内容の一切について無断転載、
無断複写、無断引用を禁じます。

ISBN978-4-7661-2151-3-C0072 Printed in Japan